평통령이 온다

분단과 분열의 '대통령 시대'를 끝내고
평화와 통합의 '평통령 시대'를 열어나갑시다.

평화와 통합의 케이피스 시대

평통령이 온다

김선진

생각나눔

"

한반도는 지금 이 순간도 전쟁 중입니다.

1953년 체결된 정전협정이 70주년을 향해 가고 있습니다.

분열과 분단의 한세대를 끝내고

남남이 통합하고, 남북이 평화로운 새로운 한반도

우리가 만듭시다.

피스 코리아, 한반도 평화대통령!

"

K-PEACE

우리 민족에게 분열은 고유한 유전자 같습니다. 분열 DNA는 나라보다는 자신을 먼저 생각하게 하였습니다. 같은 역사도 다르게 기억하는 나쁜 전통을 만들었습니다. 이런 상태라면 남남통합과 남북통일은 불가능해 보입니다. 분열의 정점에는 정치지도자들의 빈약한 리더십이 존재합니다. 전조등으로도, 등대로도 쓸 수 없는 리더십 빈곤시대가 심화되고 있습니다. 이행을 강제하는 권력에서 설득과 자발성이 핵심이 되는 리더십으로 나아가지 못하고 있습니다. 특히 대통령 리더십은 위기 상황이라 할 만합니다. 문제 해결에 무능한 대통령들의 리더십은 심각한 지도력의 허상을 보여왔습니다. 더 이상 정치적 메시아는 없습니다. 대통령 리더십 4.0시대를 열어야 합니다.

한국적 대통령 리더십의 중심에 통일리더십이 있습니다. 때로는 최고사령관도 되고, 때로는 너그러운 포용자도 되어야 하는 리더십입니다. 역대 대통령의 통일리더십은 자기 진영의 정치적 이익만을 추구한 반쪽짜리 리더십이었습니다. 대북정책에 국내 정치적 목적의 동원이 있었기 때문입니다. 그러나 우리가 기억할 만한 통일리더십의 순간들도 존재하였습니다. 선도적으로 통일전략을 구사하기도 하였습니다. 통일외교가 활발하던 때도 있었습니다. 위기관리 통일리더십은 시대를 관통하며 존재해 왔습니다. 그럼에도 불구하고 통일리더십이 실패해온 이유는 정치의 나라, 한국 사회의 고질적 대립 프레임 때문입니다. 정파의 이해만을 추구하는 지역 정당들의 패권 경쟁 때문이었습니다. 이제 보수 15년, 진보 15년의 통일리더십을 원점에서 재검토 해야 할 시기입니다. 새로운 통일리더십이 서야 할 때입니다.

최근 들어 이 견고한 정치체제에 균열이 시작되었습니다. 철 지난 색깔론, 시대착오적인 자유주의 만능론 모두 국민에게 외면받고 있습니다. 이제 이념과 가치의 탈을 쓴 한국 정치의 보수, 진보 구도는 깨어져야 합니다. 한 번도 해보지 않은 거대한 정치 실험을 통해 말뿐이 아닌 실제의 화합과 평화를 이루어내야 합니다. 양극단의 정치세력을 몰아내고 그 중심에 한반도 대타협을 추진해 나갈 새로운 정치 리더십을 세워야 합니다. 미래 한국을 이끌어갈 새로운 정치세력은 한반도 평화라는 기치하에 화합하고 연대하는 건강한 중심 세력이 될 것입니다. 이들로 하여금 남남갈등을 끝장내고 이 힘을 바탕으로 진정한 남북평화의 시대를 열어가게 해야 합니다. 우리가 한목소리를 낼 때야만이 북한이 진정으로 대화에 호응해 나올 것입니다. 세계가 우리의 소리에 귀 기울일 것입니다. 분열과 분단의 한 세대를 끝장내고 남남이 화합하고, 남북이 평화롭게 공존하는 새로운 한반도를 만들어야 합니다. 만듭시다. 평화대통령, 해냅시다. 'K-PEACE' 시대.

목차

一　분열의　추억

분열 DNA

21세기 한반도는 마치 후기 남·북조선 시대 같습니다. 한국은 조선으로부터 주류 세력을 이어받았습니다. 뿌리가 개화파 사대부들의 후손들입니다. 이들은 국내외에서 신식 교육을 받은 사람들이었습니다. 북한은 조선의 제도를 계승한 듯합니다. 국가 체제가 봉건 조선의 시스템을 답습하고 있습니다. 권력 세습, 신분사회, 궁정경제, 쇄국외교입니다. 한반도는 지구상의 실질적인 유일한 분단국입니다. 남과 북은 각자 이념에 충실한 나라로 살아가고 있습니다. 한국은 모범적인 민주주의국가라 할 만합니다. 북한도 사회주의를 독하게 고수하고 있습니다. 이 같은 극단적 이데올로기 숭배는 유례를 찾기 어렵습니다. 독특한 현상이라 할 수 있습니다.

남과 북은 한민족임을 주장합니다. 실상은 타민족보다 더한 분열과 갈등을 보이고 있습니다. 그 근본 원인은 무엇일까요? 첫째 원인은 분열지향의 지배 이데올로기입니다. 조선은 유교의 나라였습니다. 유가와 성리학은 분별을 중시하였습니다. 선과 악의 분별, 편 가르기 사고, 배제의 문화는 이때부터 시작된 듯합니다. 일제강점기를 겪으면서 민족공동체 의식도 약화되었습니다. 일제 말에 공산주의가 유입되었습니다. 공산주의는 계급 해방이 핵심적인 가치입니다. 민족 내부에서 증오와 투쟁의 광풍이 불었습니다. 그 결과 진영 간 편협성이 강화되었습니다. 건국 후에는 민주주의가 기본 이념이 됩니다. 민주주의는 개인의 자유를 최상의 가치로 여깁니다. '우리'라는 의식보다는 개인이 먼저인 사상입니다. 현대에 와서는 자유주의, 신자유주의가 지배적 담론이었습니다. 최대한의 자유경쟁을 추구하는 이데올로기입니다. 자유주의는 화합과 결속보다는 경쟁과 분열을 촉진합니다. 우리 민족을 지배했던 이데올로기는 타협과 절충이 아니었습니다. 배제와 분별에 기본하고 있습니다. 둘째 원인은 자기의 이익만을 앞장세우는 파벌주의입니다. 가문과 인맥, 학연과 지연을 바탕으로 하는 소집단 이기주의입니다. 파벌주의는 정의와 가치보다는 정파의 입장과 이익만을 중시합니다. 국가보다는 정파, 정파보다는 개인의 이익이 우선합니다. 이런 극심한 파벌주의는 현재에도 진행형입니다. 셋째 원인은 엄격한 신분제 사회의 기억들입니다. 계급적 억압과 착취는 민족의 공동체 의식을 저하시켰습니다. 계급의식은 지금도 우리의 무의식 속에 존재합니다. 흙수저, 금수저 논란이 계급의식의 현대적 표출입니다. 계급은 희미해졌으나 계층은 더 뚜렷해지는 것 같습니다. 지나친 분별의 이데올로기가 우리 속에 가득합니다. 자기 이익만을 앞장세우는 파벌주의가 만연합니다. 오랜 계급적 억압과 착취는 우리 사회 분열의 원천이 되었습니다.

한국 사회의 분열은 점점 더 그 강도가 강화되고 있습니다. 갈등 이슈마다 광장정치가 맹위를 떨치고 있습니다. 총만 안 들었지 거의 내전 수준의 전쟁터를 방불하게 합니다. 정치 진영 간의 갈등은 불치병 수준으로 접어들고 있습니다. 갈등과 분열의 중심에는 항상 정치 엘리트들이 있었습니다. 구한말 국가적 위기에도 통합의 지도자는 보이지 않았습니다. 일제하 독립운동, 해방 후 건국의 시기에도 마찬가지입니다. 현재도 진정한 의미의 통합적 리더십은 보기 힘든 상황입니다. 이제까지 한민족 전체를 단일대오로 세우는 지도자와 리더십은 부재하였습니다. 어쩌면 이 같은 지도자와 리더십의 부재가 분열과 분단의 근본 원인인지도 모르겠습니다.

우리 민족에게 분열은 고유한 유전자 같다는 생각입니다. 지난 시기 극심한 분열의 근본적인 이유는 '이해관계'인 것 같습니다. 여기에 '외세'라는 외부의 환경이 영향을 주는 변수였습니다. 120년 전 조선은 중국, 일본, 러시아 그리고 미국의 패권이 충돌하는 무기력한 나라였습니다. 지금은 어떠합니까? 역사는 반복된다는 말이 무섭게 다가옵니다. 북한은 대를 이어 우리를 위협합니다. 주변국은 자기 이익이 우선입니다. 여전히 우리 내부는 남남, 남북으로 분열되어 있습니다. 갈등은 점점 더 고조되고 있습니다.

당동벌이(黨同伐異)

조선의 역사는 당쟁의 서사입니다. 선조 때에는 극에 달합니다. 동인과 서인이 먼저 분열합니다. 다시 남인, 북인, 노론, 소론으로 나뉩니다. 시작은 단순했습니다. 이조좌랑을 두고 벌어진 자리다툼이었습니다. 이조좌랑은 높지 않은 직급입니다. 다만 궁궐인사의 실무핵심 자리입니다. 당시 당쟁의 주 전선은 후계 구도였습니다. 세자책봉 문제입니다. 개인적 반목이나 원한도 원인이 되었습니다. 그 이면에는 상대 파벌의 권력 독점에 대한 반발이 자리했습니다. 조선의 당쟁은 대부분 명분으로 포장되었습니다. 하지만 실질적 이유는 이해관계입니다. 이해관계의 중심에는 인사문제가 자리합니다. 문과급제자 수에 비해 관직의 수가 부족했습니다. 요즘 말로 하면 인사적체가 심화된 것입니다. 자리는 적은데 보낼 사람은 많았습니다. 먼저 동문 선배를 찾아갑니다. 정계의 유력인사에게 부탁합니다. 자신의 능력을 인정받기 위해 상대 진영 공격의 선봉에 서기도 합니다. 점점 학연, 가문, 붕당의 배타성과 반목성이 심화되었습니다. 개인의 입신양명이 당쟁 격화로 연결되는 구조였습니다. 조선말 이건창(당의통략)은 "두 당이 세 당이 되고 네 당이 되어 200여 년이라는 긴 기간 동안 정론을 세우지 못한 붕당을 들라면 오직 우리 조선이 그렇다."라고 말했습니다.

구한말 한반도는 열강들의 세력 각축장이었습니다. 일본과 청나라 그리고 러시아가 경쟁합니다. 밖에서는 이리떼가 설치는데 우리는 또 나뉘어 싸웁니다. 개화파, 위정척사파, 동학파 등입니다. 서로 견제하고 각개 약진합니다. 전제왕권 또한 무력합니다. 단일적 민족역량을 갖추지 못합니다. 자주적 근대화 성취의 기회가 날아갔습니다. 마침내 식민지로 전락합니다. 민중들은 무관심합니다. 오랜 계급적 차별의 응보입니다. 삼정의 문란과 관료들의 부패가 극에 달해있었습니다. 그 결과 항상 착취하는 자와 착취당하는 자로 나뉩니다. 우리라는 의식은 없습니다. 위에도, 아래에도 구심점은 없었습니다. 구심력보다는 항상 원심력이 강합니다. 우리끼리의 불신과 갈등은 공동운명의식을 저하시켰습니다. 마침내 민족의식보다 계급의식이 선행합니다. 조선조 이래 사회적 모순이 정리되지 못한 결과입니다.

일제와 싸우던 때에도 마찬가지였습니다. 국내에서는 좌우 진영이 형성되었습니다. 상해에는 임시정부가 있었습니다. 각각의 독립운동 진영들은 파벌, 사상, 계급적으로 분열되었습니다. 통일적 저항역량 구축이 불가능했습니다. 이념 과잉, 진영논리가 대립을 심화시켰습니다. 저 아래로부터의 저항이 아니었습니다. 식민 통치하에서도 지배와 피지배는 여전했습니다. 새로운 정치세력의 충원은 불가능했습니다. 정치통합은 요원했습니다. 그 결과 일제하 독립운동은 분열했습니다. 갈등과 분열은 합리적 사고보다 원리주의를 신봉한 까닭입니다. 대립된 이해관계 조절에도 여전히 무능했습니다. 민족적 차원에서 공동체 의식이 절실하던 때이었습니다. 작은 이해관계는 초월할 수 있어야 했습니다. 단결해서 행동해야 할 시점이었습니다. 그러나 자체의 힘으로 민족 내부 역량을 통합하는 데 실패합니다.

조선은 파벌과 당쟁으로 망했습니다. 구한말의 분열은 식민통치를 초래했습니다. 일제강점기 독립운동은 분열로 약화되었습니다. 분열과 파벌주의는 스스로의 힘에 의한 근대화 개혁을 저해했습니다. 반식민, 민족자주의 길을 불가능하게 했습니다. 화합과 통합을 통한 내부 역량 강화를 방해했습니다. 민족운동의 실패는 해방 후로 이어집니다. 당파가 다르면 옳고 그름을 떠나 무조건 배격하는 당동벌이(黨同伐異)의 나쁜 전통이 시작되었습니다.

같은 역사, 다른 기억

해방 후 제시된 국가 건설 방안은 무려 435개였습니다. 정당 사회단체들이 미소 공동위원회에 공식적으로 제출한 것들입니다. 당시 정치세력은 크게 좌파와 우파로 갈려있었습니다. 이것이 다시 극우파, 중도우파, 북한, 남한좌파, 남한 중도좌파로 세포분열 합니다. 정치 헤게모니 장악경쟁입니다. 경쟁의 주 전선은 국가 건설 방안이었습니다. 여기에 친일파 청산문제가 가세합니다. 토지문제도 더해집니다. 심지어 국가의 명칭을 두고도 대립이 지속되었습니다. 이 대립은 우파인 한민당과 좌파인 남로당, 북로당이 주축이 됩니다. 당파성과 계급성이 극단적으로 표출되면서 충돌한 것입니다.

한반도의 남쪽은 더 심각하게 분열했습니다. 이승만의 남한단정론과 김구의 통일정부수립론이 충돌합니다. 여기에 김규식 등 중간세력의 좌우합작론이 가세합니다. 미 군정의 좌우파 합작 노력도 실패합니다. 미국과 소련이 대립하던 때입니다. 합리적 해결책 제시는 불가능한 일이었을 것입니다. 유엔이 한국 정부의 수립을 결의합니다. 그 결과 이승만의 남한단정론이 현실화되었습니다. 이승만(독립촉성국민회의), 김성수(한국민주당) 대 김구(한국독립당), 김규식(민족자주연맹) 구도로 남한 정치세력이 재편됩니다. 단정수립론 대 남북협상론의 대결입니다. 아마 이 시점이 현재의 보수, 진보 대립의 출발점인 듯합니다. 제헌국회의 의석 분포를 보면 분열상이 명확해집니다. 선거 결과 무소속이 85석(42.5%)입니다. 이승만의 국민회의는 55석(27.5%), 김성수의 한국민주당이 29석(14.5%)을 차지합니다. 다수를 점한 무소속 의원들의 성향은 각기 다양했습니다. 198명 제헌의회 당선자들의 다양성이 정치 분열의 단초가 되기 충분했습니다.

해방 정국에서 소위 지도자들이 등장했습니다. 정치세력들은 지도자를 중심으로 이합집산했습니다. 갈등과 대립의 중심에는 항상 지도자가 있었습니다. 여운형과 박헌영이 연대하여 임시정부와 한국민주당 연합에 대립합니다. 이후 이승만, 김구, 김규식이 대립합니다. 특정 지도자 중심 권력투쟁입니다. 정파 간 입장과 노선을 조정하려는 지도자들의 리더십이 아쉬운 때였습니다. 물론 정쟁의 명분과 포장은 이데올로기였습니다. 분열과 배격의 정치가 일상화됩니다. 미국과 소련으로부터 자유로운 정치세력은 부족했습니다. 좌우이념으로부터 중립지대에 있던 정치인들은 무력했습니다. 친일파 청산주장은 공허했습니다. 국가 건설의 주요 쟁점마다 대립합니다. 이 대립의 틈을 강대국이 이용합니다. 냉전이 본격화되기 시작합니다.

남과 북의 양 진영은 끝내 한반도에 두 개의 국가를 세우게 됩니다. 정치인과 정치세력들의 헤게모니 싸움이 분단을 촉진했습니다. 자기만이 선이라는 아집이 민족적 비극을 초래했습니다. 해방 전·후사에 대한 인식의 차이도 큽니다. 한쪽은 당시 다수의 민중이 사회주의 국가형태를 선호했다고 주장합니다. 다른 쪽은 이승만 대통령을 건국의 아버지라고 부르자 합니다. 이처럼 건국을 둘러싼 논란이 최근까지 진행 중입니다. 배타적 사관이 한국 사회를 지배하고 있습니다. 통합적 사관은 불가능해 보입니다. 같은 역사를 서로 다르게 기억하는 후손들입니다.

팬덤 민주주의

　민주화 이후에도 한국 정치의 분열상은 여전합니다. 과거와 유사한 패턴을 보이며 이합집산을 거듭하고 있습니다. 먼저 견고한 보수진영이 존재합니다. 보수진영에서 분파한 범보수진영이 경쟁합니다. 진보진영도 유사합니다. 진보와 범진보가 대립합니다. 여기에 더해 소위 혁신진보까지 대략 4~5개 진영이 각축합니다. 각 진영은 살아있는 생물처럼 수시로 뭉치거나 흩어집니다. 특별한 정책 노선의 차이는 없습니다. 파벌 간 갈등과 협상의 결과물입니다. 이합집산의 주요 계기는 역시 선거입니다. 국회의원, 대통령 선거가 대표적입니다. 철저하게 선거 승리를 위한 정치연합의 행태를 보입니다. 정파의 정치적 이해만 존재합니다. 정치의 이익집단화 현상이 점점 심화되고 있습니다.

　한국 정치 엘리트들의 분열은 본능 같습니다. 한국 정치의 역사는 분열의 서사입니다. 이 정도면 한국 정치의 골수는 분열이라 할 만합니다. 조선조부터 시작된 계급 간 불신과 갈등이 청산되지 못한 까닭입니다. 이 유산이 정치에 그대로 투영되었습니다. 어쩌면 정치가 앞장서 반목을 조장해 왔는지도 모르겠습니다. 좌우 대립이 남북분단을 가져왔습니다. 이것이 다시 남남갈등으로 세포분열 했습니다. 심지어 북한에도 북·북 갈등이 있다고 합니다. 대남 강경노선과 유화노선의 대립입니다. 한반도 분단은 외세의 규정이었습니다. 그러나 정파들의 양보와 타협 없는 대결의 결과이기도 합니다. 분열 지향적 이데올로기와 가치관이 근저에 자리 잡고 있습니다. 사회모순이 평화적으로 조정되지 못하고 방치된 결과입니다. 분열은 우리 사회의 DNA가 된 듯합니다. 이 유전자의 염기서열이 변화하지 않는 한 사회통합은 요원해 보입니다. 진화하거나 이종교배가 필요해 보입니다.

민주화 이후 우리 사회의 대표적인 갈등 이슈는 역시 남북문제입니다. 대북정책을 둘러싼 갈등은 이제 봉합이 불가능한 상태로 벌어지고 있습니다. 다른 이슈들도 마찬가지입니다. 차분한 정책적 토론과 타협이 가능한 사안들도 바로 진영 간 싸움으로 변질되고 있습니다. 정책이라는 포장 하에 실제로는 정치 주도권 경쟁을 하고 있는 것입니다. 이 경쟁의 선봉에는 각 진영의 열혈지지자들인 소위 '팬덤'들이 있습니다. 이들은 이슈에 따라 결집하고 상대진영을 공격하는 데 최선봉에 서는 역할을 담당합니다. 정치 팬덤 간의 싸움이 이제 한국 사회의 일상이 되고 있습니다. '팬덤 민주주의' 시대라 할 만합니다. 정치인들은 말할 것도 없고 학자도 싸우고, 시인도 싸우고, 개그맨들도 싸웁니다. 말은 점점 더 거칠어져서 서로의 품격은 생각할 겨를도 없습니다. 덩달아 사회의 품격, 국가의 품격도 떨어집니다.

　지금까지 한국 사회가 구축해온 대화와 타협의 인프라는 너무 미약했습니다. 거의 작동불능상태가 되어있습니다. 사회갈등을 앞서 해소해야 할 정치권이 이 분열과 갈등을 부추기고 있습니다. 한때 민주화 이후의 민주주의 논의가 활발하던 때가 있었습니다. 더 좋은 민주주의를 해보자는 목소리는 이제 자취를 감추었습니다. 민주화 이후 갈등을 담아낼 사회적 공기를 만들어내는 데 실패하고 있습니다. 모두가 '이건 아닌데….' 하면서도 어쩔 수 없이 이 갈등을 바라보아야 하는 무기력한 나라, 분열의 사회가 되고 있습니다.

一

가난한 리더

전조등과 등대

리더는 다른 사람을 이끄는 사람입니다. 같은 방향으로 가게 하는 사람입니다. 공유하는 목적을 창조하고 성취하도록 독려하는 사람입니다. 공동 목적의 추출을 위해 중요한 것은 문제의 진단능력입니다. 동시에 문제에 관한 해결방안을 제시하는 것입니다. 여기서 끝이 아닙니다. 자신이 내린 처방을 위해 동원 가능한 자산을 최대로 이끌어 낼 수 있어야 합니다. 이를 위해서는 구성원들과의 가치 공유가 절대적입니다. 동기 충족이 필수적입니다. 한편 리더십이란 리더로서의 능력을 말합니다. 집단구성원들에게 영향을 미치는 과정의 총합이라 할 것입니다. 리더와 구성원 간의 상호작용 과정이라 할 수 있습니다. 리더 십의 핵심은 구성원들의 자발적 참여를 유도, 조정하는 것입니다. 좋은 리더십은 리더, 지지자, 그들 간의 상호관계의 결과물로 표출됩니다. 여기에 리더십과 권력의 개념 차이가 존재합니다. 리더십은 분명 권력의 일종입니다. 하지만 리더 십은 지지자들과 상호관계를 의식해야 한다는 점에서 권력과 차이가 납니다. 야만적 권력을 리더십이라 하지 않는 이유입니다.

리더는 최종적인 목적을 설정합니다. 목적 달성을 위한 전략도 결정합니다. 그래서 리더의 의도와 능력이 중요합니다. 리더의 경향에 따라 리더십의 영향력이 차이가 나기 때문입니다. 이러한 영향력은 유동적 상황에서 더욱 증폭됩니다. 국내 정치가 불안정하면 리더의 영향력이 증대합니다. 권력집중도가 높을 때도 마찬가지입니다. 리더가 위기에 어떻게 대처하는가, 비전은 적정한가, 혹시 망상을 가지고 있지는 않은가에 따라 결과에 영향을 미칩니다. 물론 리더 한 사람만으로 모든 것이 결정되지는 않습니다. 그러나 리더 일인의 유형이나 역할이 다른 어떤 구성원보다 중요한 것은 사실입니다. 특히 리더의 자질과 행태는 대외관계에 큰 영향을 미칩니다. 외교 역량의 바탕은 국력의 극대화입니다. 이를 위한 사회적 합의에 리더십이 중요하기 때문입니다. 외교에서는 여론을 추종하기보다는 여론을 적극적으로 형성하는 것이 필요하기 때문입니다.

정치적 영향력 차원의 리더십 담론을 소개합니다. 하나는 카리스마적 리더십입니다. 리더 개인의 특성에 기반을 둔 리더십 유형입니다. 카리스마적 지도자는 고도로 자기를 확신합니다. 영향력도 지배적입니다. 그들은 자신의 행동이 도덕적으로 정당하다는 신념이 강합니다. 이 유형의 리더십은 처한 상황에 따라 성과가 달리 나타납니다. 처한 상황이 적합하면 구국의 영웅이 됩니다. 반대의 경우에는 독재자가 되기도 합니다. 다음은 변혁적 리더십입니다. 리더의 개인적 특성보다는 리더십 구현의 행태에 집중하는 유형입니다. 이들은 대담한 목표를 세웁니다. 세상을 변화시키려 합니다. 시스템 전반에 대한 개조를 선호합니다. 변혁적 리더들은 상황을 관리하려 하지 않고 변화시키려 하는 사람들입니다. 급격히 변화하는 사회, 정치적 변화의 시기에 적합한 리더십입니다. 한국적 정치 환경이 선호하는 리더십입니다. 그래서 두 리더십 모두 우리에게 아주 친숙한 리더십 유형입니다.

리더십에도 트렌드가 존재합니다. 트렌드를 리드하는 것은 역시 환경이며, 시대정신입니다. 요즘은 진성 리더십이 부각되고 있다고 합니다. 도덕, 모범적인 지도자 선호 현상입니다. 소통의 중요성이 강조되며 공감리더십도 주목받고 있습니다. 리더는 전조등 같은 사람이어야 합니다. 어두운 곳을 비추어 사람들을 살펴야 합니다. 동시에 거친 파도 속을 항해하는 배들이 의지할 수 있는 등대 같은 리더십도 필요합니다. 좋은 리더가 중요합니다. 훌륭한 리더십이 소중합니다.

리더십 빈곤시대

한국에는 보수적 리더십과 진보적 리더십이 존재합니다. 두 유형의 리더십이 교체되고 순환되며, 변혁 중입니다. 보수적 리더십은 반공주의와 성장주의를 근간으로 합니다. 여기에 신자유주의와 지역주의를 활용해 정치 리더십을 유지해 왔습니다. 전쟁과 분단 이후 반공주의는 보수 리더십을 유지하는 유효한 수단이었습니다. 민주화 시대 이후 보수 리더십 담론들은 점점 오래된 유산처럼 되어 가고 있습니다. 그 자리에 진보적 리더십이 대체되었습니다. 공정과 정의, 분배와 평등의 가치들이 점점 더 중요한 사회적 어젠다로 부상하고 있습니다. 진보적 리더십은 평화주의와 복지주의를 기둥으로 합니다. 남북 관계의 핵심가치는 평화입니다. 복지를 위해서는 인기영합주의라는 비판은 감수합니다. 최근 들어 진보적 리더십 역시 심한 성장통을 겪고 있습니다. 이념이 진영으로 고착화되고 있습니다. 분파성이 강화되고 있습니다.

보수, 진보 리더십 모두 도전에 직면하고 있습니다. 양측 리더십을 지탱하던 동원 기제의 약화 때문입니다. 이념표의 위력이 저하되고 있습니다. 젊은 사람들에게는 지역주의도 무기력합니다. 기존 리더십들의 발언권이 약해져 가고 있습니다. 사회에 대한 영향력이 떨어져 가고 있습니다. 뚜렷한 리더도 보이지 않습니다. 정당 조직도 불안정합니다. 대안 및 비전의 제시는 허약합니다. 소위 리더십 빈곤의 시대입니다. 성장의 둔화, 빈부격차의 심화, 복지 강화 요구, 전 세계적 보건 이슈 등 이전에 경험하지 못한 도전들에 직면해 있습니다. 작금의 리더십은 제대로 답변하지 못하고 있습니다. 우리 국민이 항상 대안을 찾는 이유입니다. 몇 번의 대안 찾기가 실패로 돌아갔습니다. 정답을 내놓지 못한 까닭입니다. 새로운 리더십에 대한 갈망은 점점 더 심화되어 갑니다.

리더십 빈곤은 불신, 불안, 불만을 낳고 있습니다. 정치인들에 대한 불신은 이제 언급이 불필요한 정도입니다. 국민은 자신의 미래에 대해 불안해합니다. 현재 상황에 대해 불만입니다. 시대적 전환이 필요한 시기입니다. 새로운 정치리더십의 출현이 필요합니다. 국민 요구에 부응해야 할 책무가 지도층에 있습니다. 새로운 리더십은 먼저 이념적 유연성을 요구받고 있습니다. 당면한 민생문제 해결을 위한 생활리더십의 중요성도 대두되고 있습니다. 통합적 리더십도 절실합니다. 사회 정치적 미통합으로 근대국가가 완성되지 못하고 있습니다. 정치사회의 합의가 절실합니다. 국민적 통합이 가능한 리더십이 서야 합니다. 민주적 리더십도 아직 많이 부족합니다. 권위주의적 정치문화 때문입니다. 고질적입니다. 제도와 현실 간 격차가 여전합니다. 문화가 따라가지 못하기 때문입니다. 권력과 권위에서 탈피한 새로운 리더십이 요구받고 있습니다.

우리는 극심한 권위주의 리더십 시대를 겪었습니다. 민주화 이후에는 연성 권위주의 시대를 살았습니다. 실용주의 리더십도 경험했습니다. 최근에는 퇴행적 권위주의 리더십을 목도하기도 했습니다. 시대는 변화했으나 권위주의적 정치문화와 관행은 여전합니다. 리더십 이노베이션이 필요합니다. 보수, 진보 리더십의 성과를 계승하고 한계를 극복해야 합니다. 가지 않은 길을 가는 용기가 필요합니다. 그러기 위해서는 사람만으로는 불가능합니다. 제도와 문화의 혁신이 필요합니다. 이제 영웅 한 사람에게만 기대하는 행태를 중단해야 합니다. 상대와 대화하고 타협하려고 노력해야 합니다. 꾸준한 리더십 혁신 노력은 내재된 변화의 시간을 단축시킬 수 있을 것입니다.

신의 옷자락을 잡는 서퍼

미국의 하버드 대학교수 조지프 나이는 현대사회에 필요한 리더십 덕목으로 '상황지성'과 '감성지능'을 강조합니다. "역사에서 신의 섭리를 알아채고 그가 지나갈 때 그의 옷자락을 잡을 수 있어야 한다. (비스마르크)" 상황지성을 적절히 표현한 말 같습니다. 상황지성이 풍부해야 적절한 판단과 행동이 가능해집니다. 이런 리더가 효과적이면서도 윤리적인 차원의 리더십을 발휘합니다. 반면에 부적절한 상황지성과 무모한 실험이 결합될 경우 우리는 최악의 윤리적 실패를 목도하게 됩니다. 감성지능도 성공하는 리더십의 주요 조건입니다. "사자처럼 행동하면 보위를 능히 지킬 수 있다는 생각은 어리석다. 여우의 간계를 모방한 군주가 가장 큰 성공을 거두었다. (마키아벨리)" 감성지능이란 자신의 열정을 다른 사람에게까지 전달하는 능력입니다. 즉 다른 사람을 끌어들이는 능력을 말합니다. 이를 위해서는 자제력, 자기훈련이 중요합니다. 다른 사람에 대한 공감과 배려의 능력이 필요합니다. 높은 감성지능을 위해서는 자신의 내적 삶에 대한 관리가 중요하다고 합니다.

조지프 나이는 상황지성과 감성지능을 겸비한 변혁적 리더십이 필요하다고 역설합니다. 변혁적 리더는 정책과 정치의 근본적 변화를 추구합니다. 방법으로는 스마트 파워를 활용할 줄 아는 리더입니다. 이런 리더가 현대사회에 적합하다는 말입니다. 변혁적 리더는 세상을 있는 그대로 받아들이지 않습니다. 변화시키려 시도합니다. 그의 표현으로는 '정원사가 아닌 조경사' 같은 리더입니다. 현대사회 리더는 동시에 몇 개의 체스 게임을 볼 수 있어야 한다고 말합니다. 새롭고 종합적인 현실주의 리더와 리더십을 요구하고 있는 것입니다. 한국 역시 변혁적 스타일을 추구하는 리더가 필요합니다. 변혁적 목표와 영감을 주는 스타일의 리더십 말입니다. 이런 리더는 문제의 맥락을 이해하는 것을 중시합니다. 변화를 이해하고 그 트렌드를 자본화할 수 있는 능력자입니다.

한국은 지난 30년간 리더십 행사 방식의 변화를 겪어 왔습니다. 권력에 의한 강제에서 자기 결정 방식으로의 변화입니다. 즉 권력에서 리더십으로의 전환입니다. 권력은 부정적 영향력입니다. 공동의 목적이 없습니다. 구성원들의 의견은 무시됩니다. 물리적 강제력과 일방적 지시만이 관계 형성의 방식입니다. 반면에 리더십에는 공동의 목적이 있습니다. 긍정적 리더십입니다. 설득과 자발성이 관계 형성의 핵심입니다. 권력이 없이도 리더십은 존재 가능합니다. 그러나 권력에만 의존하는 리더십은 실패합니다. 위기관리나 혁명적 업무 수행에 적합한 강력한 리더십도 권력 소유의 유무에 있지 않습니다. 리더는 주어진 길만을 가는 사람이 아닙니다. 스스로 길을 창조하는 사람입니다. 그 결과 역사의 방향을 변화시키는 개척자의 역할을 수행합니다. 지금 우리에게는 뛰어난 상황지성을 가진 리더가 필요합니다. 탁월한 감성지능도 겸비하면 더욱 좋을 것입니다. 한국 사회의 근본적 변화를 추구하는 리더십 발휘가 절실합니다. 성공하는 리더들은 다가오는 상황을 제대로 판단합니다. 그 상황에 성공적으로 적응합니다. 때로는 그 상황을 활용할 줄 아는 능력을 가진 사람들입니다. "리더는 큰 파도를 기다렸다 올라타는 서퍼와 같다." 조지프 나이의 말입니다.

이상과 현실

리더십은 아마도 가장 꾸준히 연구되는 분야가 아닐까 생각됩니다. 이러한 현상은 대중들의 리더십에 대한 관심의 반향일 것입니다. 최근 리더십 연구의 트렌드를 개괄해 보겠습니다. 그 첫 줄기는 '리더는 이렇게 행동해야 한다'는 당위의 주장들입니다. 종합해 보면 대략 다섯 가지의 이상적 리더십 행동준칙들을 제시하고 있습니다. 이 주장에 따르면 이상적인 리더는 본이 되고 모범을 보여야 합니다. 자신의 가치관과 비전을 명확히 제시할 수 있어야 합니다. 쉽게 말해 어디로 갈 것인지를 명확히 하라는 것입니다. 물론 가고자 하는 곳은 자신이 원하는 곳이 아니라 공동체의 지향이어야 할 것입니다. 명확한 목표는 모든 결정의 기준을 제시합니다. 수단은 토론할 수 있지만, 목표는 리더의 몫입니다. 리더는 자신이 제시한 비전과 가치를 구현하고자 매일매일 노력해야 합니다. 동시에 이 사실을 지속해서 외부에 발신해야 합니다. 행동으로 목표에 이르는 길을 보여주는 것입니다. 이상적인 리더는 제시한 비전을 마음속에 그려봄으로써 그 비전을 강화해나가야 합니다. 자기창조와 자기탐구의 길입니다. 이 그림을 매력적으로 보이게 함으로써 참여자들을 추동할 수 있어야 합니다. 다른 사람들을 적극적으로 참여하게 하는 방법입니다. 공통의 비전에 공통의 열망을 불어넣어야 합니다. 지속해서 구성원들에게 참여의 동기를 제공해야 합니다. 이상적인 리더는 항상 더 좋은 기회를 찾으려 합니다. 이를 통해 변화의 과정에 도전해야 합니다. 무슨 일을 하든 간에 이전에 했던 수준을 뛰어넘기 위해 노력해야 합니다. 이러기 위해서는 실험과 모험이 필수적으로 필요합니다. 변화는 어려운 것이고 혁신은 위험한 것입니다. 이상적인 리더는 협력을 촉진하고 구성원들의 책임의식을 키워야 합니다. 공통의 목표를 세우고 협력을 증진시켜야 합니다. 동시에 자신의 권력을 구성원들과 나누어 그들의 책임의식을 고양시켜야 합니다. 구성원 모두가 리더가 되도록 촉진해야 합니다. 이상적인 리더는 구성원들의 기여를 인정해주고 끝까지 사람들의 초점을 목표에 두게 해야 합니다. 개개인의 참여 동기에 주목해 최선을 이끌어낼 수 있어야 합니다. 이러한 과정을 통해 가치는 공유되고, 이를 중심으로 강력한 문화가 형성되도록 해야 합니다.

종합해 보면 이상적인 리더는 본을 보이고, 비전을 공유하며 도전하고 행동하게 하는 사람이어야 합니다. 동시에 참여자들을 격려하고 끊임없이 동기를 부여해야 합니다. 타고나거나 끊임없이 노력하지 않는 한 쉽게 따라 하기 어려운 덕목들입니다. (『리더십 챌린지』, 제임스 M.쿠제스)

그러나 현실의 리더는 좀 다른 모습들을 가지고 있습니다. 리더도 취약성을 갖는 인간입니다. 한 리더십 연구자는 리더십의 시작은 자신이 갖는 취약성을 인정하는 것으로부터 시작되어야 한다고 주장합니다. 취약성이란 어떤 불확실한 상황에 노출된 상황에서 느끼는 정서라고 정의합니다. 리더는 이 같은 불확실성 속에서 대담해야 합니다. 대담함이란 자신이 하는 시도가 실패할 것을 알지만 그대로 전력을 다하는 마음가짐입니다. 거짓과 위선, 위장으로 자신을 포장하지 않고 진실한 마음으로 조직을 끌어가는 지도력입니다. 자신의 과거와 삶의 경험을 공유하고, 다양한 견해와 관점을 포용해야 합니다. 리더는 자신의 가치관에 따라 살아가는 사람입니다. 명확한 가치관은 깜깜한 어둠 속에서 길을 찾게 하는 좌표입니다. 또한, 구성원들과 신뢰관계를 구축하는 원동력이 되기도 합니다. 리더는 가치관이 다른 구성원이나 견해에 침묵하지 않습니다. 거북한 상황에도 이를 회피하지 않고 직시합니다. 리더는 편안함보다는 용기 있는 선택을 하는 사람입니다. 좀 더 좋은 경청자가 되기 위해 노력합니다. 어려운 주제도 피하지 않습니다. 쉽고 편안한 길보다 올바른 길을 선택합니다. 리더는 실패를 딛고 다시 일어서는 사람입니다. 실패를 두려워하지 않고 학습의 기회로 삼습니다. 다시 일어설 수 있는 능력을 갖춘 사람입니다. 자신을 덮고 있는 방어막을 벗어 자신의 취약성을 인정합니다. 자신의 가치관에 따라 살며 열린 마음으로 신뢰를 구축하고 쓰러져도 다시 일어서는 리더십이 대담하고 용기 있는 리더십입니다. 가족들 앞에서 언제나 자신이 리더임을 강조하는 아버지가 있습니다. 아들과 함께 등산을 하던 중 길을 잃었습니다. 아들이 묻습니다. "여기는 어디이고, 어디로 가야 하지요?" 아버지는 장황하게 이곳의 지형과 지물을 설명합니다. 하지만 정작 중요한 정확한 하산 길을 제시하지는 못합니다. 아들은 불안합니다. 부자 모두가 만족스러운 상황이 아닙니다. 이때 그 아버지는 자신의 취약함을 인정해야 합니다. "나도 하산 길을 잘 모르겠다. 일단 걸음을 멈추고 같이 이 문제 해결을 위해 노력하자."라고 말해야 합니다. 이것이 현실적이고 대담한 용기 있는 리더십입니다. (『리더의 용기』, 브레네 브라운)

우리 모두가 고대하는 이상적인 리더와 리더십이 있습니다. 동시에 어떠한 리더와 리더십도 다양한 상황에서 취약성을 갖는 것 또한 현실입니다. 현대사회에 적합한 리더는 타고난 리더십 덕목으로 무장하되, 자신의 취약성을 솔직히 인정하는 사람이어야 합니다. 이상과 현실의 간극을 최소화할 수 있는 리더십이어야 합니다.

一 실패한 대통령

문제를 해결하는 사람

　　　　　대통령은 국가경영의 핵심입니다. 대통령이 유능해야 정부가 유능해집니다. 대통령이 바로 서야 나라가 바로 설 수 있는 것입니다. 대통령은 어려운 정책 결정을 내릴 수 있는 용기가 필요합니다. 동시에 뛰어난 조직 관리자이자 행정가여야 합니다. 훌륭한 대통령은 국민에게 사랑과 존경을 받습니다. 쉽게 말해 인기 있는 대통령입니다. 한편 위대한 대통령은 국가의 역사와 전통에 기여합니다. 훌륭한 대통령이 되기도 어렵지만 위대한 대통령은 더 힘듭니다. 국가적 위기 상황에 성공적으로 대처해야 하기 때문입니다. 훌륭한 또는 위대한 대통령을 가능하게 하는 대통령 리더십의 요체는 무엇일까요? 대통령의 리더십은 대통령 개인특성에 좌우됩니다. 개인의 성격과 관련된 자질들입니다. 동시에 환경으로부터 영향을 받습니다. 대통령이 처한 사회, 조직, 제도 등입니다. 개인과 환경을 다 고려해야 리더십 실체파악이 용이해집니다. 두 요소 간 상호작용까지 보는 것이 올바른 리더십 접근법이라 할 것입니다. 대통령 리더십의 성패는 시대(정치)적 여건이 중요합니다. 여기에 리더십이 상호 부합하는가에 따라 결정됩니다. 즉 시대정신과 정치적 능력의 총합이 성공하는 대통령 리더십이라 할 것입니다.

국가경영에 대통령의 리더십이 주요 요인으로 대두되고 있습니다. 관리능력과 설득력이 그 핵심입니다. 관리능력은 정부조직을 효율적으로 운영할 수 있는 능력을 말합니다. 한마디로 국정운영 능력입니다. 설득력이란 국가 비전을 국민의 피부에 와닿게 제시하는 능력입니다. 정부 정책을 이해시키고 집단 간 타협을 유도하는 정치적 능력입니다. 여기에 시대를 보는 탁월한 통찰력도 필요합니다. 큰 흐름을 파악하는 전략적 마인드가 요구됩니다. 제일 중요한 덕목은 책임윤리입니다. 지금 우리에게 필요한 리더(십) 유형은 다수의 국민들에게 유리한 결정을 하는 리더, 문제해결형 리더십입니다. 대통령이 바른 사람이면 좋을 것입니다. 착한 사람이면 더 좋을 것입니다. 그러나 더 중요한 것은 문제를 해결하는 사람이어야 합니다. 국민을 계도하려는 대통령들이 있어 왔습니다. 자기 방식대로 가자고 합니다. 혹자는 이를 '깃발식' 리더십이라 합니다. 올드 스타일입니다. 지양해야 합니다. 국민들의 역량을 활짝 받아들여야 합니다. 앞서가는 대통령 리더십은 국정의 중심에 국민들을 바로 세우는 것입니다.

최근 대통령 리더십의 신뢰 상실이 자주 목도되어 왔습니다. 능력의 부족도 문제입니다. 신뢰의 상실은 국민을 수직적 관계로 두려는데 그 원인이 있습니다. 국민을 지도하고 통제하는 수동적 대상으로 간주합니다. 리더십 능력의 부족은 다양한 이해집단 간 갈등과 불화의 조정 실패로 귀결됩니다. 정치공동체의 공공성 구현에 실패하는 것입니다. 대통령 리더십의 위기입니다. 오랜 권위주의 리더십 이후의 리더십이 미정립된 때문입니다. 시대가 변화하면 리더십도 달라져야 합니다. 명령자에서 조정자로 리더십 덕목이 변화되고 있습니다. 지금 우리에게는 이전에 예상치 못했던 국가적 위기가 쓰나미처럼 몰려오고 있습니다. 다른 리더십이 요구되는 때입니다.

현대사회 대통령의 필수적인 리더십 요소들이 있습니다. 비전, 의사결정, 권한 위임, 국민 통합, 입법기술, 소통기술, 국제적 인정과 협력입니다. 모두 다 중요한 요소들입니다. 이 요소 중 요즘 중요한 것은 입법기술입니다. 중요한 사회갈등 이슈 해결을 위한 법, 제도적 해결방안 제시에 적극적으로 나서야 합니다. 입법 리더십의 핵심은 갈등해결과 소통능력입니다. 링컨 대통령은 남북전쟁 후 대통합 정신으로 하나된 미국을 만들었습니다. 링컨의 가장 매력적인 리더십 요인은 갈등해결 능력이라고 합니다. 해방 직후 민족분열을 막기 위해 좌우를 넘나든 김구 선생님의 소통 리더십도 소중합니다. 소통과 갈등해결 능력으로 문제를 해결하는 대통령 리더십이 나와야 합니다.

지도력의 허상

대통령 리더십 평가는 어려운 일입니다. 리더십 평가의 기준, 방식, 대상에 따라 편차가 존재하기 때문입니다. 시간의 경과에 따른 재평가의 가능성 또한 큽니다. 리더십 평가는 개인적 자질이 우선적인 평가대상일 것입니다. 문제해결 방식의 효율성에 대한 평가입니다. 다음으로는 현대사회의 다양한 요구를 수용했는가에 대한 평가입니다. 이를 위해서는 당시 처한 시대적 상황과 정치적 조건도 동시에 고려되어야 합니다. 미션 수행 방식의 적정성 여부도 주요 평가대상입니다. 도덕, 윤리적 잣대입니다. 이처럼 대통령 리더십 평가는 자질, 상황, 도덕성 여부를 종합적으로 보아야 합니다. 결국, 대통령 리더십은 자질과 업적 그리고 수행 방식의 적절성 여부가 성패를 결정합니다.

이승만 대통령은 한국의 국가 정체성을 수립했습니다. 그러나 국정 운영방식은 자신이 설정한 정체성에 부합하지 못했습니다. 좌표와 등정 간에 간극을 보여준 리더십이었습니다. 박정희 대통령은 절대빈곤을 넘자는 국가전략을 설정하였습니다. 권위주의적 통치방식은 성과의 빛을 발하게 했습니다. 공과가 극단적으로 교차하는 리더십이었습니다. 전두환 대통령은 우리가 지불한 민주화 노정의 고통스러운 비용이었습니다. 정권 창출의 정당성, 국가운영의 공공성이라는 가치를 소중하게 만들었습니다. 정통성 없는 리더십의 전형이었습니다. 노태우 대통령은 '87년 체제라는 '포장 민주주의' 시대를 열었습니다. 국내외 정치 환경이 권력자산이 되었습니다. 유연할 수밖에 없는 리더십을 보였습니다. 여기까지가 건국, 군부정권 시기 대통령들의 리더십 단상이었습니다. 한마디로 권위주의 리더십의 시대였습니다. 환경에 따른 정도의 차이만이 존재할 뿐입니다.

김영삼 대통령은 한국 정치 패러다임을 전환한 인물이었습니다. 군부 통치의 종식과 민주화 시대의 개막입니다. 정통성이 리더십의 가장 강력한 자산임을 확인시켰습니다. 과다 정치 리더십의 성과와 한계를 동시에 보여주었습니다. 김대중 대통령은 우리 사회의 근본적인 변화를 추구하였습니다. 비전과 철학의 정당성은 충분했습니다. 그러나 실행의 비도덕성에 대한 비판이 존재한 것도 사실입니다. 미완의 변혁적 리더십이었습니다. 노무현 대통령은 선거혁명을 통해 등장하였습니다. 세대의 역동성이 새로운 리더십을 갈구한 결과였습니다. 그러나 이상이 현실로 구체화되지 못했습니다. 감성적 리더십이었습니다. 이명박 대통령은 실용의 가치를 국정운영의 중심축으로 하였습니다. 실용의 그늘에 대한 이해 부족이 공공리더십을 약화시켰습니다. 박근혜 대통령은 한국의 첫 여성 대통령입니다. 소통과 공감능력 부족이 자주 지적되었습니다. 헌정 사상 최초로 탄핵이라는 불명예를 안고 중도 퇴진한 실패한 대통령이 되었습니다. 문재인 대통령은 적폐청산을 통한 국가 정상화를 기치로 대통령에 당선되었습니다. 동기의 순수성과 수행능력 간의 불일치는 새로운 리더십 출현에 대한 국민 모두의 기대에는 부응하지 못하고 있습니다. 민주화 이후 대통령 리더십의 특징은 변혁적 다양성입니다. 그러나 본질은 권위주의적 리더십을 완전히 청산하지 못하고 있습니다.

시대적 상황이 변화하고 있습니다. 권위주의적 리더십이 한계를 보이고 있습니다. 카리스마 리더십의 전환도 필요합니다. 대통령 리더십의 빈곤이 국정운영의 빈곤으로 표출되고 있기 때문입니다. 국민의 열정과 에너지를 응집시키는 통합의 리더십, 그것을 국가적 비전과 목표에 연결하는 전략적 리더십, 제도와 절차를 중시하는 민주적 리더십이 절실합니다. 통합, 전략 그리고 민주적 대통령 리더십이 출현해야 합니다. 국민의 힘으로부터 나오는 강력한 리더십이 중요한 때입니다. 재연되고 있는 동북아 패권경쟁의 시대를 대비해야 하기 때문입니다. 점점 고조되고 있는 남북 간 긴장에 대처해야 하기 때문입니다. 성장을 멈춘 한국경제호를 다시 순항시켜야 하기 때문입니다. 다양한 갈등을 봉합하고 사회적 대타협을 이끌어 내야 하기 때문입니다.

대통령 리더십 4.0 시대

대통령 제도에 문제가 많다고 합니다. 대통령 리더십도 한계에 왔다고 합니다. 우리에게는 아직 제왕적 리더십에 대한 향수가 있습니다. 유교적 리더십 문화도 존재합니다. 시대 변화에 따라 민주적 리더십에 대한 요구도 혼재해 왔습니다. 한 전직 대통령은 "대통령 못해 먹겠다는 생각이 든다."라는 말을 취임 3개월 만에 한 적도 있습니다. 다른 전직 대통령도 "재임 중 대통령으로서 할 수 있는 일이 별로 없었다."라는 토로를 합니다. 대한민국은 더 이상 카리스마로 무장한 혁명가형 대통령이 필요한 나라가 아닙니다. 이제는 대통령 개인보다 대통령 제도와 리더십에 대한 관심이 절실한 때입니다. 대통령은 더 이상 '만기친람(萬機親覽)'하는 임금이 아니며, 청와대도 구중궁궐이 되어서는 안 될 것입니다. 대통령과 청와대는 권력의 중심이 아니라 국가 경영관리의 핵심센터가 되어야 합니다.

우리 의식의 저변에는 아직도 정치적 메시아의 출현을 기대하는 욕구가 자리하고 있습니다. 군주정을 완전히 탈피하지 못했기 때문입니다. 전통적인 정치문화가 현대에까지 미치는 영향력 때문입니다. 서양의 예수나 동양의 미륵불처럼 구원자가 오길 기대합니다. 우리의 문화적 본성입니다. 변화하는 데 시간이 더 필요할 것입니다. 지도자가 출현하는 방식에 대한 두 가지 주장이 있습니다. 하나는 '영웅사관'입니다. 인류의 역사는 본질적으로 영웅들의 이야기라는 것입니다. 세계사에는 고비마다 구원자로서 위인들이 존재했다는 것입니다. 반대 주장도 있습니다. '사회진화론'입니다. 사회진화는 한 개인에 의해 주도될 수 없다는 것입니다. 한마디로 영웅이 시대를 변화시키는 것이 아니라는 말입니다. 중요한 것은 지도자가 탄생하는 방법이 아닐 것입니다. 특정 시기와 사회가 왜 그 사람을 선택하는가의 문제일 것입니다. 우리 국민은 사회진화론보다는 영웅사관에 경도되어 있는 것 같습니다. 지도자라면 논두렁 정기라도 타고나야 한다고 생각합니다.

우리는 오랫동안 카리스마 있는 지도자를 선호해 왔습니다. 결단의 정치, 비범한 정치인에 열광해 왔습니다. 이들에게는 사람을 끄는 신비로운 매력이 있습니다. 카리스마는 아직도 중요한 지도자의 덕목일 것입니다. 카리스마를 가진 지도자들은 드라마틱한 행위 연출자들입니다. 항상 '사건에 영향을 주기'보다는 '사건을 만드는 사람'이 되기를 선호합니다. 개인의 인기가 리더십의 주요 자산이 됩니다. 이들이 가장 중요하게 생각하는 것이 여론입니다. 적극, 선제적으로 여론을 관리하기 위해 노력합니다. 여론이 자기 리더십의 성패를 좌우하기 때문입니다. 그러나 지나친 여론 눈치 보기는 대중을 향한 인기영합주의를 낳습니다. 나라 곳간은 잘 모릅니다. 내 인기만 유지되면 됩니다. 노인, 청년, 여성, 서민들에게 자기 돈처럼 선심을 씁니다. 인기영합주의자들이 나라를 망치는 사례가 해외에 넘쳐납니다.

시대가 변하면 리더십도 달라져야 합니다. 정치적 메시아를 기다리던 시대적 상황이 소멸하고 있습니다. 더 이상 카리스마만으로 무장한 거물정치인은 탄생하지 않을 것입니다. 권력정치의 시대가 막을 내리고 있기 때문입니다. 결단보다는 설득이 중요한 시대이기 때문입니다. 카리스마만 가지고는 부족합니다. 새로운 리더십은 국민과 협의하는 리더십이어야 합니다. 국회를 설득할 수 있는 리더십이어야 합니다. 소통을 중시하는 관계적 리더십이어야 합니다. 한국 정치가 보다 능률적이고 생산적인 방향으로 약진하는 변혁의 리더십이어야 합니다. 창의와 혁신의 대통령 리더십 4.0 시대를 열어야 합니다.

젊은 지도자, 젊은 리더십

젊은 정치 리더의 등장은 이제 세계적 추세가 되었습니다. 특히 활력이 떨어진 대륙, 국가들이 먼저 젊은 리더십을 선택하고 있습니다. OECD 가입 36개국 중 15개국의 정상을 30~40대가 차지하고 있는 현실입니다. 새롭게 등장한 젊은 지도자들은 통상적으로 이념에 유연하고 실생활에 최적화된 정책의 생산능력을 갖추고 있다고 평가받고 있습니다. 뉴질랜드의 노동당 당수인 '저신 다아던' 총리는 39세입니다. 그는 사회민주주의자로 분류되지만, 북한 핵에 대해서는 되돌릴 수 없고 검증 가능한 완전한 핵 폐기를 요구합니다. 캐나다의 '쥐스탱 트뤼도'는 43세에 총리가 되었습니다. 장관의 비율을 남녀 1:1로 하는 내각을 구성, 화해의 정치가로 평가받고 있습니다. 세 아이의 엄마로 40세에 아이슬란드의 지도자가 된 '야콥 스토티드'는 의료, 교육, 생활 인프라에 국가의 자원을 집중 투입하여 국민들의 호평을 받고 있다고 합니다. 150년 이상 낙태금지 국가였던 아일랜드는 40세의 '리오 버라드키'가 총리가 되면서 국민투표를 통해 임신 12주 내 낙태를 허용하게 되었습니다. 오스트리아의 '세바스티안 크루츠'는 34세에 총리가 되어 경제성장률을 2% 후반대로 끌어올리는 성과를 보였다고 합니다. 많은 사람이 젊은 정치 리더십의 성공사례로 프랑스의 '마크롱' 대통령을 뽑습니다, 그는 소속 국회의원 한 명 없는 조직의 정치운동만으로 프랑스의 지도자가 되었습니다. 좌우를 뛰어넘는 새 정치실험을 통해 '유럽의 병자'라는 프랑스의 국가 경제를 되살려 내고 있습니다. 이제 프랑스는 일하는 복지, 일하는 나라로 변하고 있습니다.

사실 대한민국도 젊은 리더십의 나라였습니다. 제헌국회 국회의원들의 평균연령은 47세였습니다. 박정희 장군이 대통령이 된 나이가 45세였습니다. 김영삼, 김대중 대통령 모두 '40대 기수론'으로 출발, 지도자가 된 분들입니다. 지금 우리의 현실은 어떠합니까? 21대 국회의원의 평균연령은 54.9세 라고 합니다. 19~30세 유권자가 전체의 35%를 차지하는 나라에서 이들을 대변하는 20~30대 국회의원 수는 13명뿐입니다. 최근 들어 이러한 정치노령화의 문제를 해결해 보려는 많은 노력이 시도되고 있습니다. 선거투표 연령도 낮추고, 선거 시마다 경쟁적으로 젊은 층을 영입하기도 합니다. 그러나 여기서 생각해 볼 문제가 있습니다. 젊은 리더십은 선이고, 나이 든 리더십은 악이라는 이분법입니다. 젊다고 다 좋은 리더십을 갖는 것이 아니고, 반대로 늙었다고 다 나쁜 리더십을 갖는 것은 아닙니다. 외국의 성공한 젊은 리더십 사례를 비추어봤을 때 젊은 리더십이 좋은 리더십으로 평가를 받기 위한 몇 가지 조건들이 있습니다. 먼저 젊은 리더십은 어느 순간 하늘에서 뚝 떨어지는 리더십이 아닙니다. 외국의 젊은 리더들은 대부분 20대 초반의 젊은 시절부터 정치단체나 조직에 가입 활동해왔다는 특징이 있습니다. 한마디로 조기교육입니다. 충분한 정치훈련을 거쳤다는 것입니다. 다음으로는 명확한 자기 콘텐츠를 가지고 있다는 점입니다. 기성 정치가 해결하지 못하는 당면한 국가, 사회적 문제를 해결할 수 있는 해법을 제시할 수 있어야 합니다. 또한,

자신이 제시한 비전을 성과로 증명해야 합니다. 해묵은 사회 갈등, 당면한 경제위기를 해결하거나 해결의 단초를 제공하여 리더십을 성과로 평가받아야 합니다. 마지막으로 젊은 리더는 젊은 층만이 아닌 모두를 위한 젊은 리더십을 발휘해야 합니다. 리더는 어느 한 계층만을 대변하는 사람이 아니기 때문입니다.

젊은 리더십이 반드시 생물학적 연령에 따른 리더십만은 아닐 것입니다. 그러나 모든 것이 급변하는 4차 산업혁명의 시대입니다. 시대에 맞는 눈높이와 공감능력에서 연령은 이제 핵심적인 리더십의 조건이 되고 있습니다. 한국 사회의 뿌리 깊은 서열의식, 유교잔재가 더 이상 젊은 리더십 출현에 장애 요인이 되어서는 안 될 것입니다. 특히 '아무리 나이가 들어도 생각이 젊으면 젊은 것이다.'라는 오래된 생각과 '끝까지 현역'이 칭송받는 사회분위기는 한 번쯤 돌아볼 때입니다. 참고로 북한의 김정은 위원장이 1984년생(35세)입니다. 26세에 북한의 지도자가 되었습니다.

一 통일대통령의 꿈

포용하는 최고사령관

대통령의 통일리더십이란 이질적인 두 체제를 통합하는 지도자의 활동 전반을 말합니다. 냉전시대에 통일리더십은 군사대결의 최고사령관 역할이 강조되었습니다. 탈냉전 이후에는 포용자의 역할로 전환되었습니다. 최근에는 냉전과 탈냉전의 경계가 모호해졌습니다. 그 결과 통일리더십은 통일 준비, 국론 결집, 위기관리, 국제외교 등 동시적 역할을 요구받고 있습니다. 대통령의 통일리더십은 본질적으로 자신의 통일 가치관에 기반을 둡니다. 여기에 통일에 대한 비전과 위기관리능력이 필요 자질이라 할 것입니다. 제도적으로는 통일 담론을 설정하고 해당 팀을 구성,

관리할 수 있는 능력이 요구됩니다. 북한은 적인가 동포인가? 민족과 국가, 자주와 동맹의 우선순위, 안보와 평화에 관한 입장에 따라 통일리더십 유형은 달라집니다. 통일리더십이 불변의 것은 아닙니다. 시대 상황과 국제 환경을 해독하는 능력에 따라 향방이 달라지기도 합니다. 따라서 통일리더십은 자신의 정체성과 함께 시대가 낳은 결과물이라 할 것입니다.

대통령의 통일리더십에 필요한 자질들이 있습니다. 먼저 비전제시 능력입니다. 통일이 가능하다는 희망, 통일된 한반도의 미래상을 제시할 수 있는 능력입니다. 다음으로 통일팀 구성, 운영 능력입니다. 전문성 있는 인재를 기용, 최고수준으로 조직화하는 능력입니다. 위기관리능력도 필수적입니다. 위기상황을 적절하게 관리해 나갈 수 있는 능력입니다. 정책능력도 필요합니다. 시의적절한 정책을 구체화하고 효율적으로 수행해 나가는 힘입니다. 최근에는 국제 환경 관리가 점점 더 중요해지고 있습니다. 우리 입장에 대한 국제사회의 우호적 여론조성 능력입니다. 북한 이해력도 중요한 요건입니다. 북한 정권을 설득하고 주민들에게도 통일에 대한 기대를 제고시킬 수 있어야 합니다. 마지막으로 가장 중요한 것은 통일정치 능력입니다. 대북, 통일정책에 대한 범국민적 동의와 합의를 이끌어낼 수 있는 자질입니다.

대통령 통일리더십 성패를 좌우하는 주요 변수들이 있습니다. 먼저 소명의식의 소유 여부입니다. 소명이란 절대자로부터 받은 명령 같은 것입니다. 통일에 대한 각오와 의지가 리더십 발휘의 원천입니다. 두 번째로 추진 동력의 유무입니다. 아무리 좋은 비전도 그것을 현실화할 동력이 없다면 헛된 이상에 불과할 것입니다. 세 번째로 정치지형입니다. 정책 수행이 가능한 정치구도가 형성되어 있어야 합니다. 적어도 유리한 정치지형이 만들어져야 합니다. 네 번째로 통일은 남과 북만의 일이 아닌 국제적 수준의 이슈입니다. 국제 환경이 긍정적으로 조응해야 통일리더십 발휘가 가능해질 것입니다. 마지막으로 북한 변수입니다. 우리의 제안을 받아들일 준비가 되어있어야 합니다. 북한 정권과 인민이 긍정적으로 반응해야 합니다. 대통령 통일리더십은 대통령 개인의 소명의식, 추진능력, 정치지형, 국제 환경, 북한 태도가 긍정적으로 상호 조응할 때만이 성공 가능할 것입니다.

지금 우리에게는 안보지향형 리더십보다는 평화와 통일 지향형 리더십이 필요합니다. 이런 국가지도자는 국제정세에 밝아야 합니다. 분단 종식에 대한 확고한 자기 철학도 갖추어야 합니다. 동시에 외세의 관여를 배제하고 주체적으로 통일정책을 추진할만한 주인의식의 소유자여야 합니다. 이질적인 이념도 수용하고 타협하는 탄력성과 포용력도 지녀야 합니다. 대한민국 대통령은 기본적으로 최고사령관이 되어야 합니다. 때로는 너그러운 포용자도 되어야 합니다. 쉽지 않은 길입니다.

적대와 화해-반쪽의 동원

대통령들의 통일리더십 평가는 중요한 과제입니다. 대북·통일 정책에 대한 전략적 지침을 제공하기 때문입니다. 정책 개발의 질적 제고도 가능하게 합니다. 평가를 통해 통일과제달성에 어떤 리더십이 필요한가를 고찰할 수도 있습니다. 역대 대통령들의 통일리더십은 어떠했을까요?

먼저 이승만 대통령입니다. 그는 세계와 한국을 통찰했습니다. 반공국가를 설계합니다. 북진통일을 주장했습니다. '대결주의' 통일리더십입니다. 박정희 대통령은 북한과의 체제 경쟁을 선언했습니다. 대결에서 경쟁으로 초점이 이동합니다. '경쟁주의' 통일리더십입니다. 전두환 대통령은 북한과 대화하고자 노력했습니다. 통일방안 수립, 각종 대북제안을 추진했습니다. 경쟁에서 대화로 나아가려 했습니다. '대화 추구' 통일리더십이라 하겠습니다. 노태우 대통령은 탈냉전의 수혜자였습니다. 남북 관계의 제도화라는 성과를 보였습니다. '제도주의' 통일리더십입니다. 김영삼 대통령은 민족 중시 노선을 천명했습니다. 최초의 남북 정상회담에 합의했습니다. 여론을 가장 중시하는 스타일이었습니다. 상황에 따라 대응하는 리더십을 선보였습니다. '상황주의' 통일리더십이라 할 수 있습니다. 김대중 대통령은 최초의 남북 정상회담을 성사시켰습니다. 남북 관계의 패러다임을 전환시켰습니다. 대북교류 협력을 추진한 포용주의자였습니다. '포용주의' 통일리더십입니다. 노무현 대통령은 한국의 동북아 균형자 역할을 주장했습니다. 민족문제의 당사자 해결원칙을 강조했습니다. 민족 공조를 강조한 '공조주의' 통일리더십이었습니다. 이 시기까지 대통령들의 통일리더십은 대결에서 대화 그리고 민족 공조로까지 변천해 나갔습니다.

이명박 대통령의 통일리더십은 독특합니다. 실용이 처음으로 남북 관계의 가치로 부상합니다. 이념에서 실용으로 가자는 제안입니다. 실용은 비용 대비 성과를 중시합니다. '실용주의' 통일리더십이라 하겠습니다. 박근혜 대통령은 남북 간 신뢰를 강조했습니다. '통일 대박'이란 선동적 용어도 제시했습니다. 남북 관계의 원칙을 강조하는 '원칙주의' 통일리더십을 선보였습니다. 문재인 대통령 통일리더십의 화두는 평화였습니다. 북한의 핵무장이 고도화되는 과정에서도 평화라는 가치를 일관되게 주장했습니다. 소위 '평화주의' 통일리더십이라 할 만합니다. 군사정부 이후 대한민국의 대북정책은 보수정권 15년, 진보정권 15년의 세월을 거쳐 왔습니다. 최근 들어 대북, 통일정책 추진의 국내외 환경이 요동치고 있습니다. 특히 국제 환경의 변화는 통일리더십 패러다임의 전환을 요구하고 있습니다.

역대 대통령들의 통일리더십을 살펴보았습니다. 공통된 특징은 대부분 분단관리형 통일리더십이라는 점입니다. 통일준비는 정치적 레토릭에 불과했습니다. 그 결과 남북 관계의 근본적 변화를 추구하지는 못했습니다. 변혁적 목표와 영감을 주는 리더십은 잘 보이지 않았습니다. 대부분의 경우 진영 이익을 추구하는 반쪽짜리 리더십에 그쳤습니다. 한쪽짜리 온전한 통일 리더십은 없었습니다. 지금부터라도 실질적 통일준비형 리더십이 나와야 합니다. 나아가 평화와 통일촉진형 리더십이 출현해야 합니다.

반 발짝 앞서가는 리더십

지난 시기 우리는 유능한 통일리더십 확보에 실패했습니다. 국제적 냉전을 국내로 끌어들인 리더십 빈곤의 시대였습니다. 통일된 국가형성에 무능력한 리더십이었습니다. 통일과 단결보다는 분열과 대립의 길을 걸었습니다. 타협과 양보보다는 독점과 배제에 능했습니다. 도덕성과 정치력을 겸비한 리더십이 부재했습니다. 우리에게 요구되었던 통일리더십은 통찰과 비전의 리더십이었습니다. 민족통합을 엮어낼 정치력을 갖춘 리더십이었습니다. 안으로는 양보와 타협의 정신이 필요했습니다. 밖으로는 자주와 통일을 지향하는 리더십이어야 했습니다. 그러나 현실은 자기와 정파 입장만을 주장하는 리더십이었습니다. 그 결과 우리는 전쟁과 분단이라는 대가를 치러야 했습니다.

건국 이후 역대 대통령들의 통일리더십은 어떠했을까요? 권위주의 통치 시기에는 북한을 체재 경쟁의 대상으로만 보았습니다. 적대적 태도를 견지합니다. 국내 정치적 필요시에만 화해와 협력의 제스처를 보입니다. 분단강화 리더십입니다. 현상 유지를 선호합니다. 상황에 따라 정책을 미세 조정합니다. 분단관리 리더십이었습니다. 민주화 이후에는 적극적으로 대북 관여정책을 추진하였습니다. 교류와 협력을 강화합니다. 대북 지원에 적극적으로 나서기도 했습니다. 평화추구 리더십입니다. 맹목적 실용과 원칙, 평화 만능이 남북관계의 중요한 가치가 되던 시기도 있었습니다. 이처럼 역대 대통령들의 리더십은 분단 관리적 측면이 강했습니다. 평화유지에 치중하는 모습을 보여 왔습니다. 분단 극복이나 통일촉진형 리더십은 부족했습니다.

분단 극복을 위한 바람직한 통일리더십은 무엇일까요? 먼저 '신중형 리더십'이 요구됩니다. 정책 결정과 수행에 균형적 시각을 견지해야 합니다. 대내외 정세에 부합하는 이니셔티브 제시가 가능해야 합니다. 너무 경직되거나 유약하지 않은 중용의 리더십입니다. 다음으로는 '포용형 리더십'입니다. 이질감이 심화된 두 체제의 통합을 위해서는 필수적일 것입니다. 우리 내부의 타 정치세력도 포용해야 합니다. '소명형 리더십'도 절실합니다. 통일문제에 대해 자신의 확고한 비전과 철학이 있어야 합니다. 분단 극복을 하늘로부터 주어진 명령처럼 여겨야 합니다. 마지막으로 '교육형 리더십'이 필요합니다. 통일을 위해서는 대중의 지지가 절대적입니다. 대중 지지를 얻기 위해서는 통일의 필요성과 당위성을 상시로 교육할 필요가 있습니다. 이상적인 통일리더십은 먼저 현실을 냉정히 파악할 수 있어야 합니다. 미래를 내다보는 혜안도 있어야 할 것입니다. 통일지지 세력을 조직하고 동원할 수 있는 정치력도 겸비해야 합니다. 여기에 신중, 포용, 소명 그리고 교육 리더십을 실천하는 지도자가 통일 지도자라 할 것입니다.

대북·통일 정책과 국민 여론 간에는 밀접한 연관성이 존재합니다. 연관성을 추적해보면 여론이 북한 관련 정책을 추동하는 경우는 적었습니다. 정권 특히 대통령에 따라 여론이 형성되는 경우가 더 많았습니다. 대북, 통일정책은 여론 추수가 아닌 정권선도형 특징을 보이고 있습니다. 통일대오의 선두에는 대통령이 서있습니다. 지도자의 개인적 성향, 선거에서의 표 계산 그리고 구시대적 이념에 기반을 둔 통일리더십은 지양되어야 합니다. 북한과 세계에 대한 정확한 지식, 통일에 대한 좋은 비전 그리고 우리 사회의 역량을 고려한 새로운 통일리더십이 필요합니다. 이를 통해 점진적 통일로 가는 새 길을 가야 합니다. 너무 많이 앞서가면 국민들이 쫓아오지 못합니다. 뒤에 가면 방향성 없이 혼란스러워할 것입니다. 국민보다 반발쯤 앞서 나가야 합니다.

빨갱이 vs 반동분자

해방 후 지금까지 한국 사회를 지배하는 저주의 단어들이 있습니다. 그 하나는 '빨갱이'입니다. 사전적 의미는 "공산주의자를 속되게 이르는 말"입니다. 일반적으로는 공산당원 또는 극좌적 사상을 가진 사람을 증오, 경멸하는 속어로 쓰입니다. 그 어원을 프랑스어의 파르티(parti 당원, 동지, 당파)에서 왔다는 설과 공산주의 국가들의 상징색인 빨간색에서 찾기도 합니다. 빨갱이라는 용어가 대중들에게 처음 소개된 『독립신보』(1947. 9. 12.) 기사가 있습니다. "요즘 빨갱이라는 말이 유행된다. 이것은 공산당을 말하는 것인데 … (중략) 중간파나 자유주의자까지 극우나 빨갱이로 규정 짓는 그자들이 빨갱이 아닌 빨갱이인 것이다. 이자들이 민족분열을 시키는 건국범죄자인 것이다."라는 내용입니다. 이러한 기사로 보아 빨갱이는 건국 시기부터 자신의 권력 유지를 방해하는 세력을 탄압하는 용어로 사용된 듯합니다. 실제로 대표적인 친일경찰로 알려진 노덕술이 독립운동가 김원봉 선생을 체포한 후 그를 빨갱이 두목으로 지칭한 바도 있습니다. 이 용어는 냉전 및 독재시대에 와서 더 기승을 떨칩니다. 정치적 반대 세력과 민주화 세력을 탄압하고 사회에서 매장시키는 낙인으로 악용됩니다. 빨갱이라는 용어는 단순히 공산주의 이념을 신봉하는 자라는 의미를 뛰어넘습니다. 반공국가의 건설에 반대하는 국가의 배신자이자 사회적으로 격리되어야 하는 기피와 저주의 대상이 됩니다. 한국 사회에서 빨갱이로 규정된 사람들의 피해는 그 자신에게만 국한되지 않았습니다. 그 가족들까지 연좌의 죄를 지고 살아야 했습니다. 민주화 이후 정권에 의해 조작된 빨갱이 사건들이 드러나고 일부 인사들은 국가로부터 신원이 회복되고 보상을 받기도 했습니다. 그러나 빨갱이라는 용어가 주는 낙인효과는 아직도 우리 사회에 유효한 듯합니다. 대통령을 대놓고 빨갱이라고 공격

합니다. 한 연예인은 자신이 빨갱이가 아니라고 하소연합니다. 거리시위의 현장에서 태극기를 들지 않는다는 이유로 빨갱이로 지칭되며 폭행당하는 시민도 있습니다. 아직까지도 우리 의식의 저변에는 그리고 문화에는 빨갱이란 살아 있는 저주의 단어가 자리 잡고 있습니다. 분열의 역사가 가져온 트라우마로 정신병적 대책이 필요한 지경입니다. 어떤 가수의 「빨갱이」라는 노랫말입니다. "더 나은 세상을 꿈꾸는 자, 더 인간다운 세상을 꿈꾸는 자가 너희들이 말하는 빨갱이라면 나는 자랑스럽게 선언한다. 나는 빨갱이다."(안치환) 상처는 드러낼 때만이 치유된다고 합니다. 빨갱이라는 말이 더 이상 저주의 낙인이 되어서는 안 될 것입니다.

'반동분자'라는 말도 있습니다. 사전적으로는 진보적이거나 발전적인 움직임에 반대하여 강압적으로 가로막는 자 또는 세력을 말합니다. 이 용어가 가장 맹위를 떨치던 시기는 아마 해방 이후 건국이념을 둘러싼 논쟁 때부터 6·25전쟁 시기일 것입니다. 구체제로의 복귀를 원하거나 부르주아 사회의 유지를 주장하는 사람들은 반동분자가 되었습니다. 전쟁 시기에는 인민재판의 현장에서 반동분자로 호명된 사람들은 자기 변론의 기회 없이 처형되곤 했습니다. 공산주의 자들에게 반동분자는 자신들의 이념의 전진을 막는 불온한 존재였습니다. 한국 사회에서 반동분자라는 용어의 맥을 이어받는 단어가 수구세력일 것입니다. 수구란 자신들만의 이익을 지키기 위해 노력하는 자들의 인식을 말합니다. 기득권 수호를 위해 현 상태를 유지시키고자 타방의 의견을 무시하는 태도를 말합니다. 기득권 수호라는 지점에서 옛것을 지키되 악습은 폐지되어야 한다는 보수와 차별됩니다. 보수는 자유와 시장의 가치를 보존하려는 자들입니다. 최근에는 수구보수, 수구꼴통이라는 말들이 횡행합니다. 세상을 바꾸자는 진보의 주장에 반대하는 세력들을 비하하거나 경멸하는 용어입니다. 때로는 정치적 이유로 건강한 보수를 수구 쪽으로 몰아붙이려는 시도들도 목격됩니다. 또 다른 반대진영 낙인찍기 시도입니다. 극단주의, 진영논리란 정치성향이 강화되면서 오는 폐해들입니다. 어떤 학자는 이런 현상을 사회적 폭포(social cascades)현상으로 설명합니다. 소수의 믿음과 관점이 다수의 사람에게 확산되기를 바라는 욕구와 시도가 극단주의를 촉발한다는 것입니다. 극단주의는 사회적 공론의 추구와 형성을 불가능하게 만듭니다. 그러한 사회는 음모론, 맹목적 이분법, 집단사고들이 지배합니다. 이는 필시 패권주의로 종착됩니다. 자기들만의 지지정당, 자기와 같은 생각을 가진 사람들만이 동지가 되는 세상이 됩니다. 이 세상에서는 민주주의를 수호한다는 이유로 가장 반민주적인 수단과 방법까지 동원합니다. 여론의 조작과 불법선거가 판을 칩니다. '이중잣대'와 '내로남불'이 횡행합니다. 한반도에서 벌어지고 있는 가장 첨예한 정치적 극단주의가 한국적 민주주의와 우리식 사회주의의 충돌 아닐까요? 끊임없이 적대감을 재생산해내는 한반도, 작게는 한국의 정치구조가 '적의 호명'을 아직도 유효하게 하고 있습니다. 지금도 상대를 적으로 지칭하는 사람들이 있습니다. 거기서 이익을 얻고자 하는 자들입니다. 이들이야말로 분단질서를 재생산해내는 공동체의 적들입니다.

통일정치(가)

우리는 흔히 독일 통일에서 배우자고 합니다. 맞습니다. 배워야 합니다. 그러나 한국과 독일의 정치체계는 근본적인 차이점을 가지고 있습니다. 독일의 정치체계는 분화와 복합성의 단계를 거쳐 점차적으로 협력과 조정 중심으로 변화해 나갔습니다. 이를 수상 민주주의, 조정 민주주의 또는 협의 민주주의의 이행으로 표현하기도 합니다. 독일의 강력한 수상 권력이라는 것도 권력집중적 성격과 동시에 비례대표제, 연방제, 다당제, 연정 등의 제도적 요인들을 통해 타협과 협조가 강제되는 복합적 형태를 보여주고 있습니다. 즉 수상의 리더십은 조정, 협의 민주주의라는 제도적 조건에서 현실화된 것입니다. 독일 통일정책 노선의 관철 또한 정당정치 구도와 긴밀한 연계성 속에서 가능한 것이었습니다. 이처럼 지도자의 막강한 권한도 정책 노선의 관철도 협의 민주주의라는 독일정치의 특성에 기반을 둡니다. 독일의 경우에서도 알 수 있듯 통일은 지도자의 리더십과 국내외 정치적 변수가 상호 긍정적으로 조응할 때 가능한 것입니다. 지도자의 통일정치리더십 발휘도 정책 결정 과정에서의 법·제도적 배경이 있어야 합니다.

통일정치리더십 발휘의 극대화를 위한 몇 가지 요인들이 있습니다. 대통령의 개인적인 정책수행 방식, 정책수행의 조직적인 요소, 집권당 내 역학구도, 연정 등 정당 경쟁구도 등입니다. 지도자의 정책수행 방식은 통일정치리더십 발휘 극대화의 첫 번째 요인입니다. 참고로 독일 통일 과정에서 보인 콜 수상의 폐쇄적이고 비공식적인 논의방식은 대외비 유지와 의제의 사전조율, 이슈 선점과 통일노선의 신속한 관철을 가능하게 하였습니다. 두 번째 요인으로는 정책수행을 위한 조직형태를 들 수 있습니다. 통일정책의 이슈를 선점하고 주도할 수 있는 조직적, 인적 전문역량을 구축해야 합니다. 여타 부서를 능가할 수 있는 정보력과 조직력을 확보해야 합니다. 통일문제는 일반적인 외교 분야와 달리 특수성을 보유한바 독자적 영역으로 다루어져야 합니다. 예를 들어 독일의 수상청은 정당, 전문가 네트워크를 활용한 비공식 통치구조의 핵심으로 기능하며 통일업무 전반의 독자적 입지를 확보한 바 있습니다. 세 번째 요인은 막강한 정당정치적 지지기반의 필요성입니다. 먼저 대통령 자신이 당내에서 압도적 지지를 받아야 합니다. 강력한 당 장악력을 바탕으로 대북, 통일정책 의사결정 과정의 구성원들과 밀접한 협력관계를 구축할 수 있어야 합니다. 대통령이 소속한 정당은 어떠한 경우에도 막강한 통일지지 세력이 되어야 합니다. 통일정치리더십 발휘의 마지막 요인은 정당정치적 요인입니다. 연정 등 정당 간 경쟁구도를 말합니다. 정당들은 통일정책 과정에서 지속적인 타협과 협상 과정을 조율함으로써 상호 협력해야 합니다. 대통령실의 통일 관련 회의, 정당 간 연정회의, 기타 비공식회의를 통해 대북, 통일정책의 정당정치적 합의를 도출해 나가야 합니다. 이 과정에서 합의 도출이 어려운 양극단의 정치세력들은 배제되거나 여타의 통일논의에 흡수되어야 합니다.

분단국가의 통일은 결코 우연의 산물이 아닙니다. 내실 있는 통일정치를 추진해 나가야 합니다. 대통령 통일리더십과 정당정치 구조가 긍정적으로 상호작용할 때 효과적인 대북, 통일정책 수행은 가능해질 것입니다. 지금까지 우리는 통일정치가 아닌 분단정치에 치중해 왔습니다. 통일문제를 자기 정치의 전면에 내세워야 합니다. 한반도 통일은 궁극적으로 남북정치의 연장선 속에 위치하기 때문입니다. 대통령에게 가장 필요한 것도 통일정치가로서의 역량이라 할 것입니다. 대통령이 통일정치에 앞장서야 합니다. 대통령은 위대한 통일정치가가 되어야 합니다.

一　긍정의　기록들

장군들의 시대

남북은 지난 70년간 체제 경쟁을 지속해 왔습니다. 남한은 그 경쟁에서 우위에 서있습니다. 한국의 대북한 경쟁우위 창조를 가능하게 한 통일리더십은 무엇일까요? 고비마다 역대 대통령들의 기억할만한 리더십이 있었습니다. 먼저 대결기 박정희, 전두환 대통령의 통일리더십입니다. 박정희 대통령은 73년 6월 23일 「6.23 선언」을 발표했습니다. 핵심은 북한의 대서방 외교활동을 용인하겠다는 것입니다. 한국판 할슈타인 원칙(서독만이 유일한 합법정부이며 동독을 승인하는 나라와는 외교관계를 단절) 포기선언이었습니다. 국제적 데탕트 시기였습니다. 한국 외교의 현실과 대북정책 추진의 성과와 한계를 반영한 것이었습니다. 선언은 통일 기반 구축의 유리한 국제 환경 조성을 위해 구상되었습니다. 평화적 공존관계 수립을 목표로 추진되었습니다. 사실상 한국 북방정책의 시발이라 할 수 있습니다. 상호 내정불간섭, 유엔 동시 가입 추진, 모든 국가에 문호를 개방하였습니다. 동북아 4강과 교차 승인도 이루어졌습니다. 한반도 문제 토의를 위한 4자회담 제의 등 활발한 대외 통일정책 전개로 연결되었습니다. 분단 초기 독일의 배타적 외교정책보다 한발 앞선 평화통일 외교선언이었습니다. 이 선언은 남북 간 체제 경쟁의 시발점이 되었습니다. 체제 경쟁의 주도권을 확보하려는 전략적 의도가 기저에 깔려있었습니다. 박 대통령은 남북 관계를 국제사회로 끌어내는 전략적 접근을 시도한 것입니다. 6·23 선언은 우리 통일정책의 기본정신이 되었습니다. 이후 선언은 큰 맥락에서 일관성이 유지되었고, 현 통일정책까지 연결되어 있습니다. '수많은 방안을 제시하기보다는 조건의 성숙'을 중시한 박정희 대통령의 통일리더십이었습니다. 어느 체제가 국민을 더 잘 살게 할 수 있게 하는지 경쟁해보자는 국제사회를 향한 선언이라 하겠습니다. 6·23 선언은 대한민국 정부가 한반도 내 유일한 합법정부임을 명확히 규정하였습니다. 북한을 정부나 국가로서 불인정하는 입장은 확고히 했습니다. 이는 이후 남북 관계를 규정하는 준거로서 작동하였습니다.

전두환 대통령은 취임 초 남북 정상회담 개최를 제안했습니다. 남북사회의 완전 개방 등 공세적 대북정책을 추진하였습니다. 83년 남한의 큰 수해피해에 북한은 수해지원 물자(쌀 5만 석, 옷감 50만 리터, 시멘트 10만 통, 의약품 등) 제공을 제안합니다. 전 대통령은 북한의 수해지원 물자제공 제의를 수락했습니다. 북한의 아웅산 테러(17명의 대통령 수행원이 사망)로 남북 관계가 극도로 악화된 시점이었습니다. 남한 군부의 대북 보복주장이 분출하던 시기였습니다. 그러나 전 대통령은 긴장 상황에서도 대화의 끈을 놓지 않겠다는 강한 의지를 보였습니다. 예상을 깬 지원수락으로 북한은 지원물자 조달에 애를 먹었다는 후일담도 있습니다. 물자 지원제의의 숨은 의도를 간파하고 인도 시기와 방법을 주도한 결과였습니다. 남북 간 정상적 대화가 어려운 시기였습니다. 그러나 북한의 제안을 용기 있게 받아들였습니다. 남북 관계 발전의 모멘텀으로 활용한 것입니다. 이 대화를 계기로 분단 이후 최초의 남북 이산가족 상봉이 성사되었습니다. 이후 경제, 체육, 국회, 적십자 등 각종 남북 대화가 활성화되었습니다. 남북 간 긴장완화의 계기가 창출된 것입니다. 한 고위급 탈북자는 증언합니다. "남조선에 구호물자를 보내기 위해 꺼내 쓴 전쟁 예비물자를 지금도 채워 넣지 못하고 있다. 전두환이 그걸 덥석 받아들일 줄 몰랐다. 그때부터 경제가 허리를 펴지 못하게 되었다."(김정일, 비공개 간담회시 발언)

박정희 대통령의 6·23 선언은 남북 관계를 국제사회로 끌어내었습니다. 국제사회를 향한 체제 경쟁 선언이었습니다. 경쟁우위의 통일기반 조성을 위한 책략이었습니다. 남북 관계와 국제 환경의 큰 그림을 보는 국가전략적 결단이었습니다. 전두환 대통령은 북한의 수해물자 지원 제의를 수락했습니다. 상대의 허를 찌르는 발상의 전환이었습니다. 씨름으로 치면 샅바싸움입니다. 남북 관계의 주도권을 놓지 않으려 노력했습니다. 남북 대결 시기 경쟁하면서 대화를 추진한 군인 출신 대통령들의 통일리더십이었습니다.

눈으로는 세계를 가슴에는 조국을

노태우 대통령은 '북방정책'을 적극적으로 추진했습니다. 북방정책은 한마디로 중국, 러시아와의 적대적 관계를 청산하는 것이었습니다. 이를 통해 북한과의 관계 개선을 추구하고자 했습니다. 공산주의의 붕괴로 국제질서가 재편되었습니다. 탈냉전 과정에서 한국은 구공산권을 비롯한 40여 개국과 수교하였습니다. 중국과의 국교정상화는 북방정책의 정점이었습니다. 한·중수교는 수천 년 양국관계를 볼 때 한국의 위상을 중국과 대등한 입장으로 끌어올린 일대 사건이었습니다. 중국이 두 개의 코리아 정책을 정식화된 계기이기도 합니다. 북방정책을 통해 남북한 유엔 동시 가입의 토대도 구축되었습니다. 남북 관계 기본 합의서, 한반도 비핵화 공동성명 등 남북 관계 제도화에도 큰 성과가 있었습니다. 북방정책은 동아시아 외교지형을 바꾸었습니다. 안보지형도 변화시켰습니다. 경제적으로도 상당한 가치가 있었습니다. 특히 한·중수교는 현재 한국 경제를 지탱하는 디딤돌이 되고 있습니다. 노태우 대통령의 북방정책은 대북정책의 변화를 추동하였습니다. 남북 관계의 획기적 전환점을 만들어 낼 수 있었습니다. 북한의 체제붕괴보다는 체제전환을 유도하였습니다. 이른바 '접근을 통한 변화추구'라는 대북정책의 초석이 다져졌습니다. 노태우 대통령의 유약하고 소극적인 리더십이 북방정책에 와서 자신감 있고 적극적인 리더십으로 확장되었습니다. 노태우 대통령의 통일리더십은 세계 역사의 변화 속에서 남북 관계진전의 기회를 포착한 글로벌한 리더십이었습니다.

김영삼 대통령은 96년 4월 한반도 평화체제 구축을 위한 '4자회담'을 제의하였습니다. 한반도 주변 4강의 대립이 격화되던 시기였습니다. 북한의 정전체제 무력화 공세가 강화되던 때였습니다. 4차 핵실험으로 핵무장도 고도화되고 있었습니다. 미국과의 공조와 중국에 호소하는 방안 이외에 뚜렷한 해법이 제시되지 못하던 때였습니다. 김영삼 대통령은 이런 시기에 한반도 문제의 당사자 해결방안을 들고나온 것입니다. 북핵 문제의 주도적 해법을 제시한 것입니다. 4자회담은 총 6차례 개최되었습니다. 회담은 북한 측의 일방적인 불참으로 중단되었습니다. 그러나 남북문제 해결에 주변국을 주도적으로 참여시킨 능동적 시도였습니다. 북핵 문제의 국제 이슈화 이후 우리 주도로 제안된 최초의 해법이었습니다. 성과도출에는 실패하였습니다. 그러나 4자회담 제안은 주변국들의 이해와 입장을 반영하면서 문제해결의 단초를 제공했다는 점에서 평가할 만합니다. 특히 참가 4국의 상이한 관심과 입장, 이해에도 불구하고 협상 테이블에 참여시켰다는 점에서 의미가 큽니다. 정전체제를 평화체제로 전환시킨다는 목표도 합리적이고 현실적인 접근방안이었습니다. 협상 과정에서도 한국의 입장을 적극적으로 반영시키고자 노력했습니다. 뚝심의 리더십이 과시되었습니다. 자신감과 적극성 있는 대통령의 통일리더십이었습니다. 4자회담은 이후 6자회담으로 확대되었습니다. 이후 한반도 문제협의의 주 무대가 되었습니다.

노태우 대통령의 리더십과 북방정책에 대한 재평가가 필요합니다. 북방정책은 국제 환경의 변화를 놓치지 않고 활용한 주도적 통일외교의 실험장이었습니다. 중국을 통해 북한에 가고자 했던 대통령 프로젝트였습니다. 비록 북방정책의 최종목표인 평양 입성은 실패했으나 정책의 성과는 다대했습니다. 경제 파급효과와 국제사회에서 우리의 위상 강화에 기여했습니다. 김영삼 대통령의 대북정책은 일관성 상실이라는 비판을 받아왔습니다. 그러나 정책 추진의 환경변화는 정책수단의 변화를 초래할 수밖에 없습니다. 4자회담은 한반도 문제의 당사자 해결원칙을 실천한 최초의 시도였습니다. 국가의 운명을 대국의 손에만 맡길 수 없다는 강력한 의지의 표현이었습니다. 두 대통령의 통일리더십은 눈으로는 세계를, 가슴에는 조국을 품은 리더십이었습니다.

햇빛과 그림자

2000년 6월 최초의 '남북 정상회담'이 개최되었습니다. 정상회담은 박정희 대통령 시절부터 추진되었습니다. 김영삼 대통령 때에는 김일성의 급작스러운 사망으로 회담이 무산되기도 하였습니다. 정상회담 후 남북 공동선언이 도출되었습니다. 통일문제의 자주적 해결, 연합·연방제의 공통점 인정, 이산가족·비전향 장기수 문제 해결, 경제협력 등 교류 강화가 주요 골자입니다. 김대중 대통령의 북한에 관한 관심은 지대했습니다. 대통령 개인의 신념과 비전이 정책으로 현실화되었습니다. 통일 과정에서 대통령 통일리더십의 중요성이 확인된 사례입니다. 정상회담 성사는 한국 사회 내부와 북한에 대한 설득노력의 결과물이었습니다. 보수 세력의 냉소적 시각에도 우호적 국민 여론을 만들어냈습니다. 북한의 무리한 요구도 끈기 있는 노력으로 변화시켰습니다. 김대중 대통령의 설득의 통일리더십 없이는 불가능한 일이었습니다. 남북 관계의 근본적 패러다임 전환을 추구한 변화와 혁신의 리더십이었습니다. 아쉬움도 남았습니다. 만남 자체는 성과였으나 이후 실천이 문제였습니다. 의제와 원칙만 합의한 미완의 회담이었기 때문입니다. 다수의 국민적 합의에 기초하지 못한 까닭입니다. 대통령 통치행위가 갖는 제도적 한계였습니다. 국민과 함께하는 대북정책의 중요성이 다시 확인되었습니다. 국가 지도자로서 초정파적 통일 리더십 발휘가 아쉬운 상황이었습니다. 정상회담 이후 20년 가까운 세월이 흐르고 있습니다. "조심하세요. 그들은 연극의 도사예요."라는 말을 전하며 회담 회의론을 폈던 프랑스의 문명비평가 기 소르망의 조언이 떠오릅니다. 북한의 미래는 한국의 영향력보다는 북한사람들 자신에 달려있다는 그의 주장이 다시 생각나는 때입니다.

노무현 대통령은 2002년 '대북송금 특검'을 결정하였습니다. 제1차 남북정상회담 당시 현대상선을 통해 북한에 4천억 원을 지원했다는 의혹이었습니다. 당시 야당의 특검 주장을 대통령 결단방식으로 수용한 것입니다. 특검을 통해 많은 문제가 노출되었습니다. 권력 엘리트들의 밀실행정, 정책 책임자들의 책임회피성 주장, 대북정책에 있어서의 신 정경유착, 탈법과 비정상, 권력남용이 사실로 밝혀졌습니다. 북한에 지원된 돈의 성격이 정상회담의 대가성으로 인정되었습니다. 햇볕정책의 도덕적 기반이 붕괴되는 순간이었습니다. 특검을 두고 각종 정치적 시나리오가 난무했습니다. 정파 간 헤게모니 싸움의 양상도 보였습니다. 그러나 특검을 통해 대북정책의 투명성이라는 가치의 중요성이 재확인되었습니다. 국민적 신뢰만이 건강한 정책 추진의 토대가 된다는 사실을 알게 했습니다. 이후 투명성은 대북, 통일정책 추진의 중요한 가치로 작동하게 되었습니다. 남북 관계도 법과 원칙이 통치행위에 앞선다는 상식을 상기시킨 사건이었습니다. 정권 안보용 대북정책, 북한 문제의 국내 정치적 동원은 정당화될 수 없다는 공감대가 형성되었습니다. 대북송금 특검은 많은 정치, 정책적 부담을 감수한 노 대통령의 의지로 성사되었습니다. 당장 북한과의 관계 악화를 감수해야 했습니다. 정권의 대북정책 추진에도 부담이 되었습니다. 그러나 노무현 대통령은 대의와 정도를 걷는 투명한 통일리더십을 선택했습니다. 신뢰의 정치, 투명한 정책 추진의 기조를 택한 순리적 판단이었습니다.

김대중 대통령은 통일에 관한 소명의식을 가진 지도자였습니다. 소명의식은 최초의 남북정상회담을 성사시켰습니다. 심각한 절차상의 오류는 상처로 남았습니다. 그러나 정상회담 시 보여준 설득을 통한 변혁추구 리더십은 평가받아야 합니다. 노무현 대통령의 대북송금 특검수용은 과감한 정치적 결단이었습니다. 대북, 통일정책과 국내정치의 상관관계가 여과 없이 드러났습니다. 의도 여부와 관계없이 정책 추진의 투명성이라는 가치가 부각되는 성과를 보였습니다. 남북 대화기 두 대통령의 통일리더십은 국내정치의 연속 선상에 있었다고 하겠습니다. 뜨거운 햇볕만큼이나 그 그림자도 길었던 통일리더십이었습니다.

현실이라는 장벽

　　이명박 대통령은 2010년 5월 전면적 대북제재 조치를 취하였습니다. 「5·24조치」입니다. 북한의 천안함 폭침 도발에 대한 대응이었습니다. 대북 신규투자 금지, 북한 선박의 우리 해역 운항 금지, 대북지원 사업 보류, 남북 교역 중단, 개성공단·금강산 외 방북 불허 등이 주요 내용입니다. 인도적 지원도 정부와 협의 후 가능하도록 하였습니다. 정권 후반기 들어 사안별 유연성을 보였습니다. 그러나 교역 중단과 신규투자 금지 원칙은 고수되었습니다. 이명박 대통령은 대북정책에서도 실용주의를 강조하였습니다. 포용과 압박의 외길이 아닌 제3의 길을 모색하고자 노력했습니다. 본인이 직접 "나의 대북정책은 지난 10년과 다르고, 그 이전 20년과도 다르다."(김기남 조선노동당 비서 접견 시)라고 발언하기도 했습니다. 그러나 북한은 군사적 위기 고조로 대응하였습니다. 이명박 대통령에 의해 대북정책의 패러다임이 다시 전환되었습니다. 포용정책이 압박정책으로 변화한 것입니다. '퍼주기', '저자세'를 지양하고 상호주의가 강화되었습니다. 남북 관계의 새 틀을 정립하겠다는 시도였습니다. 5·24 조치는 단절과 압박, 제재의 상징이 되었습니다. 5·24 조치는 우리 사회 내부의 대북 인식을 크게 변화시켰습니다. 대다수 국민들도 원칙 있는 대화라는 정책 기조를 선호하였습니다. 화해하고 도발하는 악순환이 끊기기를 원했습니다. 물론 제재노선에 대한 내부의 반대 목소리도 높았습니다. 북한 경제의 중국 경도현상 심화, 남북경협 업체의 피해, 제재의 효과에 대한 회의가 지적되었습니다. 우리 사회 갈등구조가 또 노출되었습니다. 북한은 추가 도발로 군사적 위기를 고조시켰습니다. 그러나 5·24 조치의 원칙과 기조는 끝까지 유지되었습니다. 이 대통령의 대북정책은 중도실용주의에 기반을 두고 있었습니다. 제3의 길을 모색한 창의의 통일리더십이었습니다. 당시 제재를 반대하며 대북 쌀 지원을 주장한 한 저명한 북한 전문가는 말했습니다. "북한은 공자보다 더 유교적인 사회이다. 당장 아무런 업적도 없고 인민에게 봉사한 기록도 없는 김정은을 후계자로 인정할 만큼 김정일 위원장이 비합리적인 사람이 아니다."(『오마이 뉴스』, 10. 9. 24.) 북한 정권은 3대로 세습되었고, 김정은은 최고지도자가 되었습니다.

2015년 8월 남북은 6·25 전쟁 이후 가장 심각한 군사적 대치상태에 돌입하였습니다. 북한의 비무장 지대 목함지뢰 도발로 촉발된 위기였습니다. 한국군은 대응포격을 했고 북한은 준전시 상태를 선포하였습니다. 후방화력이 전방으로 이동하는 등 군사력의 남한전개도 이루어졌습니다. 한국은 대북 확성기 방송을 통한 심리전을 재개하였습니다. 북한 추가도발에 대한 한·미연합전력의 강력한 응징의지도 과시되었습니다. 전면전 불사의지를 표시하던 북한이 최고위급 회담을 먼저 제안하였습니다. 그 결과 대화 모드로 전환이 이루어졌습니다. 최장 협상시간(43시간 10분)을 거쳐 북한의 유감 표명과 재발방지 표현이 담긴 「8·25 합의」가 도출되었습니다. 원칙 견지, 강력한 응징의사와 한·미 공조체제의 가동, 전폭적 국민지지로 지금과는 다른 양상의 남북 간 대화가 전개된 것입니다. 박 대통령은 8·25 합의로 도발과 보상이라는 악순환의 고리를 끊기 위해 노력했습니다. 8·25 합의는 국민적 지지와 동의가 가장 큰 동력이 되었습니다. 정부의 확고한 의지와 일관성 있는 정책은 국민이 믿고 지지한다는 좋은 사례가 되었습니다. 대통령 리더십과 국민적 단결이 상호시너지를 창출하였습니다. 박근혜 대통령은 안정감 있게 위기상황을 관리해 나갔습니다. 믿음직한 군 통수권자의 모습을 보였습니다. 대통령 리더십이 작동하고 있다는 인식을 국민에게 심어주었습니다. 안정적이고 단호한 위기관리 통일리더십이었습니다. 북한은 과거 3,000회 이상의 대남 도발을 했습니다. 이중 직간접적으로 유감을 표명한 사건은 '8·25 합의'를 포함한 단 5건이었습니다.

이명박 대통령의 창의, 실용적 통일리더십은 실패로 귀결되었습니다. 박근혜 대통령의 원칙과 신뢰의 통일리더십도 북한 변화라는 소기의 성과달성에 실패했습니다. 남북 관계는 과거의 군사적 대결국면으로 환원되었습니다. 차가운 현실이라는 장벽에 부딪친 통일리더십이었습니다. 포용은 북한을 변화시키지 못했습니다. 압박도 그 결과를 쉽게 예단하기 어려운 상황입니다. 지금까지의 대통령 통일리더십은 북한체제의 근본적 변화추구에 한계를 보이고 있습니다.

진실의 순간

문재인 대통령은 2018년 9월 19일, 20만 평양 시민 앞에서 연설했습니다. 평양 중구역 능라도 「5. 1경기장 연설」에서 문 대통령은 한반도에 더 이상 전쟁은 없다고 연설했습니다. 새로운 평화의 시대가 왔다고 선언했습니다. 이를 8천만 겨레 앞에서 선서한다고 외쳤습니다. 또한, "남북은 5천 년을 함께 살았고, 70년을 헤어져 살았다"고 말했습니다. 70년 적대관계를 청산하고 다시 하나가 되자고 제안했습니다. 북한의 김정은 위원장도 이에 화답했습니다. 평화번영의 새 이정표가 된 결실을 만들었다고 밝혔습니다. 문 대통령의 노력에 감사한다며 열광적인 박수와 환호를 보내자고 제안했습니다. 두 정상은 5·1 평양 능라도 경기장 연설 이후 함께 백두산을 방문하며 평화번영의 새 한반도시대의 개막을 국내외에 천명했습니다.

평양 능라도 경기장 연설은 한국 대통령이 북한 주민을 상대로 한 최초의 연설이었습니다. 북한 주민들에게 큰 환상을 심어주었습니다. 특히, "어려운 시절에도 민족의 자존감을 지키며 끝끝내 스스로 일어나고자 하는 불굴의 의지를 보였다"고 북한을 평가하며 감동을 선사했습니다. 한 유명 탈북자는 "박정희 시대, 7·4 남북 공동성명 이후 남북 통일이 현실적으로 다가온 느낌을 받았다"고 그날의 감상을 전하기도 했습니다. 이 연설을 동서독 통일 과정의 결정적 순간이었던 콜 총리의 동독 방문, 드레스덴 연설과 비교하는 평가들도 있었습니다. 북한의 김정은 위원장이 육성으로 평양시민 앞에서 비핵화 의지를 천명한 것도 이례적이었습니다. 서울을 답방하겠다는 약속도 공개적으로 밝혔습니다. 문재인 대통령은 평양 연설을 통해 남북 문제해결에 있어 민족자결주의라는 방향을 제시했습니다. 평화라는 인류 염원의 가치를 천명하기도 했습니다. 연설 이후 문재인 대통령은 기회가 있을 때마다 평화가 자신의 소명이며, 역사적 책무임을 강조했습니다. '평화'는 문재인 정권을 관통하는 대북정책의 키워드가 되었습니다.

  문재인 대통령은 북한에서 공개연설 한 최초의 한국 대통령이 되었습니다. 20만 평양시민 앞에서 한 이 연설은 김정은 위원장이 주인공 자리를 양보한 이변이었습니다. 북한식으로 말하면 '역사적 사변'이었습니다. 물론 정치선전의 장인 대 집단 체조 현장이라는 연설 장소의 특수성, 헌법에 명시된 남북 관계의 명시적 규정에서 벗어난 메시지 등에 대한 일부 한국 사회 내부의 비판도 있었습니다. 대부분 한국 대통령의 공공적 가치에 대한 지적들입니다. 그러나 더 큰 문제들이 연설 이후 발생했습니다. 김정은의 서울 답방 약속이 지켜지지 않았습니다. 핵 관련 도발도 더 빈번하게 자행되었습니다. 이로써 한반도 위기지수가 재상승했습니다. 북·미 간 비핵화 협상은 출구 없는 대치가 계속 중입니다. 남북 관계는 더 심각합니다. 북한은 지속적인 한국의 대화 제의를 전면 거부했습니다. 남북 간 연락 채널을 모두 폐쇄했습니다. 개성의 남북 연락사무소를 폭파하였습니다. 백두

혈통이 직접 나서 대통령을 거명하며 인신공격성 발언까지 서슴지 않았습니다.

한국 대통령이 북한 주민을 직접상대로 한 최초의 연설은 분명 대북정책의 큰 성과입니다. 이 연설 내용에 대한 비판과 연설 이후의 아쉬운 북한 행보에도 불구하고 의미 있는 변화입니다. 기억할만한 대통령 통일리더십의 현장이었습니다. 그러나 민족공조, 평화번영의 진정성과 선의가 감상적 민족주의, 맹목적 평화추구로 전도될 가능성을 최소화해야 합니다. '평화는 선의로 지켜지는 것이 아니다.'라는 제언들에 귀 기울여야 합니다. 문재인 대통령의 평화를 향한 통일리더십은 현재진행형입니다. 이 리더십이 북한 비핵화와 남북 관계진전이라는 성과를 내야 합니다. 그래야만이 연설을 함께한 우리 국민, 북한 동포, 평양시민들의 기대에 부응할 수 있을 것입니다. 남과 북은 한발 한발 진실의 순간에 다가서고 있습니다.

一　남남북북의　세상

다른 생각, 틀린 생각

우리 사회에는 양극단의 통일방법론이 존재합니다. 진보적 통일론과 보수적 통일론의 대립입니다. 방법론의 차이에도 불구하고 평화와 통일을 위해서는 북한과의 대화가 필요합니다. 대화를 위해서는 상대의 존재를 인정해야 합니다. 북한을 제거 대상으로 보아선 안 됩니다. 흡수하려 해서도 안 됩니다. 있어선 안 될 것으로 여기지 말아야 합니다. 서로를 인정해야 합니다. 함께 공존해야 합니다. 같이 나아가야 합니다. 소위 진보적 통일론들이 있어 왔습니다. 이들의 주장에도 귀 기울여야 합니다.

한 장기수 출신 인사는 '화동(和同)담론'을 말했습니다. 차이와 다양성을 인정하자는 것입니다. 남북이 소통하고 함께 변화하는 과정이 통일이라는 것입니다. 어떤 재독학자는 '내재적 접근법'을 말했습니다. 타자의 윤리를 존중해야 한다는 것입니다. 다름의 공존을 주장합니다. 저명한 진보 출판인의 '분단체제론'은 분단 모순의 중층성을 깨야 한다고 합니다. 이를 위해 남북 정권과 외세의 지배력을 약화시켜야 한다고 주장합니다. 진보진영의 멘토인 원로교수는 미국의 패권주의 청산을 통일의 첩경으로 봅니다. 상대 체제의 장점을 인정하는 수평 중립화를 주장했습니다. 방북해 김일성과 면담한 원로목사님은 공존과 점진성, 중립성과 합법성이라는 가치를 지향했습니다. 탈냉전기 통일운동의 새로운 성찰을 제시했습니다. 출판인이자 대표적 민족주의 운동가였던 어른은 분단 극복의 가장 중요한 동력이 민중의 주체적 의지뿐이라고 했습니다. 민주화와 분단 극복을 통합적으로 보자고 주장했습니다. 독립운동가 겸 정치인 출신 원로인사는 통일을 정치적 통일과 군사적 통일로 구분했습니다. 군사가 아닌 평화적 통일을 상수화하자고 했습니다. 이를 위해 민주역량 육성을 역설했습니다.

진보적 통일론자들의 주장은 대략 다음과 같습니다. 먼저 평화체제 구축 주장입니다. 긴 호흡으로 화전양면의 노력을 전개하자고 합니다. 남과 북을 공존의 시장으로 만들자고 주장합니다. 한반도 통일은 북한 사회주의와 더불어 한국 자본주의 모순의 극복이라고 봅니다. 새로운 국가의 탄생이어야 한다고 합니다. 100년을 내다보고 새로운 민족을 만들자고 합니다. 동맹경계의 다원화도 주장합니다. 독자 노선으로 가자고도 합니다. 더 나아간 주장도 있습니다. 한반도 생존 차원에서 분단을 보는 시각입니다. 자주의 북한과 개방의 남한이 외세로부터 한반도 생존에 유리한 여건을 제공한다고 봅니다. 남북이 각자 이대로 살되 상통하면 된다는 주장입니다. 진정한 통일은 민족 동질성 회복이 아니라 현재의 차이를 극복하는 것이라고 합니다.

보수적 통일론자들의 주장도 있습니다. 한 보수언론의 원로 기자는 국방군 탱크가 평양에 들어가야 통일이라고 말합니다. 북한보다 앞선 경제력이 우리의 비대칭 전략이라고 합니다. 돈을 대북공작에 투자해 '돈 vs 핵' 구도를 만들자고 합니다. '한민족 vs 김정은' 구도를 만들어야 통일이 가능하다고 합니다. 진영을 초월해 활동하는 한 유명 정치인은 북한을 종교국가라고 주장합니다. 남북 관계는 특수 관계가 아니고 국제법상 두 개의 국가로 보아야 한다고 말합니다. 대표적인 보수담론을 제시해온 한 인사는 선진화 통일론을 말합니다. 북한 붕괴를 전제로 한 남한 주도의 통일, 대북정책을 지향합니다. 한 외교부 장관 출신 인사는 한국의 자체 핵무장을 통한 한반도 핵 균형 논의의 시작 필요성을 역설하고 있습니다. 한 고위급 탈북인사는 북한 젊은 층의 의식 변화로 인해 20년 내 북한의 자체 붕괴 가능성을 주장합니다. 보수진영의 주장은 접촉을 통한 점진적 변화나 상시적 평화체제의 구축과는 확연히 맥을 달리합니다. 북한을 시대착오적 체제로 봅니다. 북한 주민은 우리가 해방시켜야 할 대상으로 여깁니다. 북한의 체제전환을 꿈꿉니다. 남한으로의 흡수통일을 원합니다. 북한붕괴론을 기정사실화합니다.

북한과 화해하고 협력해야 한다고 주장하는 사람들은 종북세력으로 공격당합니다. 북한제재를 지속해야 한다는 사람들은 수구꼴통으로 치부됩니다. 새로운 통일리더십은 이런 양극단의 목소리를 한 그릇에 담아낼 수 있어야 합니다. 과잉이념, 진영논리는 우리 공동체의 적입니다. 자기의 주장은 일단 내려놓을 줄 알아야 합니다. 상대의 주장을 '틀렸다'고 말하지 말아야 합니다. 자기의 생각과 '다르다'고 말해야 합니다. 서로 다른 생각을 하나의 생각으로 만드는 것, 이것이 대통령의 통일리더십입니다.

대립 프레임 깨기

대통령 통일리더십의 대립 프레임들이 있습니다. 먼저 국가담론 대 민족담론의 충돌입니다. 남북 관계를 보는 시각의 차이입니다. '남북 관계는 정상적인 국가 대 국가 관계인가? 아니면 민족 내부의 특수 관계인가?'의 문제입니다. 북한과의 관계를 두 개의 국가(국가 중시) 또는 하나의 국가(민족 중시)로 볼 것인가에 따라 통일 논의의 큰 방향이 결정되기 때문입니다. 지난 시기 남북 합의는 대부분 민족중시 담론의 기반 하에 추진되어왔습니다. '92년의 남북 기본합의서가 그렇고, 2000년 6·15 공동선언, 2007년 10·4 공동선언이 그러합니다. 그러나 이런 시각도 정권교체와 함께 변화해 왔습니다. 보수정권의 대북정책은 국가 중시 담론이 우선하는 듯합니다. 이명박 대통령은 김대중 대통령 서거 시 북한의 조문사절단을 국제사회 사절단에 준해 면담했다는 후문입니다. 보수진영이 주장하는 북한 정상국가화 유도 필요성도 국가담론에 기반한 것입니다.

두 번째 쟁점은 대외정책에 있어 미국과 중국과의 관계입니다. 한마디로 미국을 중시할 것인가 아니면 중국을 우선시할 것인가의 대립입니다. 역대 대통령들은 전통적으로 미국 중시 대외정책을 추진해 왔습니다. 노무현 대통령의 '동북아 균형자론' 정도가 선언적 의미를 갖는 차별노선입니다. 최근 들어 한·미, 한·중 관계가 크게 변화하고 있습니다. 전문가들 사이에서도 대북정책을 추진함에 있어 미국과 중국 중 어떤 지렛대의 활용도가 높을 것인가에 대한 양론이 여전히 존재합니다. 남북 관계 개선과 통일에 어떤 카드가 더 영향력이 있을 것인가의 문제입니다. 북한의 지속되는 핵실험과 이에 대한 중국의 미온적 대응을 두고 한국의 '중국 경도론'이 실험대에 오르기도 있습니다. 자국우선주의가 강화되고 있는 미국과의 관계도 동맹이라는 용어가 무색할 지경이 되고 있습니다.

세 번째 쟁점은 북한과의 화해·협력이냐 제재·압박이냐의 문제입니다. 군사·권위주의 정권 시기에는 대결 기조 하의 제한적 대화와 교류를 추구했습니다. 민주화 이후에는 포괄적 화해협력이 추진되었습니다. 최근 북한의 핵무장이 고도화되면서 대화를 촉구하면서도 국제사회와 연계하는 제재·압박을 동시에 추진해야 하는 딜레마에 처해 있습니다. 대화냐 압박이냐는 때로 정책대립이라는 가면을 쓴 정파 간 헤게모니 대립이었습니다. 이 쟁점은 남남갈등의 주메뉴가 되어 왔습니다. 화해·협력하자는 주장은 '퍼주기'로, 제재·압박 주장은 '전쟁광'으로 매도당했습니다. 선택 가능한 정책수단이 진영을 가르는 정쟁의 소재가 되었습니다.

국가와 민족 무엇이 우선인가, 미국과 중국 어느 곳이 더 중요한가, 협력인가 제재인가? 어떤 선택을 하겠습니까? 양자를 꼭 대립적 가치로만 볼 필요는 없을 것 같습니다. 국가담론이 민족담론을 제도화할 수 있을 것입니다. 민족담론이 국가담론을 더 단단하게 만들 수도 있을 것입니다. 미국이냐 중국이냐 선택할 필요도 없을 것입니다. 동맹의 경계를 다원화할 수도 있을 것입니다. 때로는 독자노선을 갈 필요

도 있을 것입니다. 화해냐 압박이냐는 편 가르기 식 갈등구
조도 청산해야 합니다. 정권에 따라 변화하지 않는 단일노
선을 만들어내야 합니다. 민족담론이 국가담론을 적극적으
로 견인해야 합니다. 중국과 미국의 이해를 일치시키는 노력
도 계속해 나가야 합니다. 안보 위에 협력이라는 지속 가능
한 단일정책 기조도 정식화해야 합니다. 양 담론이 상호 보
완하는 프레임을 구축해야 합니다. 남북 관계 발전과 평화,
통일촉진의 선순환 구조를 만들어내야 합니다. 지혜로운 정
부와 대통령의 통일리더십이 필요한 이유입니다.

10%의 불안감, 90%의 기대감

북한이 변화하고 있습니다. 인민들의 생각이 변하고 있습니다. 계층도 변하고 있습니다. 특히 세대의 변화는 공동체 인식을 급격히 약화시키고 있습니다. 김정은 등장 후 50대 미만의 신진 엘리트들이 중간급 간부를 형성하고 있습니다. 이들은 북한체제 내구력의 핵심적 역할을 수행 중입니다. 인민들의 정치적 체념과 무관심은 증대하고 있습니다. 과거와 달리 당원이나 간부 되기를 기피하는 현상도 늘어나고 있다고 합니다. 국가 시스템의 급격한 해체 가능성이 증대하고 있는 것입니다. 노동계급과 수령 간 괴리 현상이 발생하고 있는 것입니다. 특히 '장마당' 세대의 등장이 주목됩니다. 이들은 이전 세대와는 다른 경험을 공유하고 있는 연령대(20~45세)입니다. 태어나면서부터 배금주의와 이기주의에 익숙한 계층들입니다. 각종 탈법과 공권력에 대한 저항의 기억도 공유하고 있습니다. 시장은 주체사상형 인간을 자본주의형 인간으로 바꿀 잠재력을 가지고 있습니다. 탈북의 원인도 변하고 있습니다. 초기 탈북이 빈곤 때문이었다면 요즘은 자유에 대한 동경 때문이라고 합니다. 자녀의 교육 등 삶의 질을 생각하는 이민형 탈북도 증가하고 있습니다. 점점 더 증가하고 있는 북한 지배 엘리트 계층의 탈북 현상도 시사하는 바가 크다고 하겠습니다.

북한 변화는 계층변화가 주도하고 있습니다. 신흥 자산계급(일명 돈주)이 등장한 것입니다. 당·군의 고위 간부이거나 이들과 결탁한 북한 상위 1%는 서울 상류층처럼 산다고 합니다. 48달러짜리 스테이크를 먹고 헬스클럽에서 운동하며 고급 아파트에서 평면 TV를 보며 생활한다고 전해지고 있습니다. 이들의 생활을 '평양의 맨해튼'으로 비유한 한 서방 기자에 따르면 "북한에서는 이제 더 이상 가난을 공평하게 나누지 않는다. 평양에 유일한 게임이 있다면 그것은 자본주의.”라고 전하고 있습니다. 북한에서 출세하는 새로운 방법은 바로 돈이라고도 전하고 있습니다. 그 결과 빈부격차와 부정부패도 심화되고 있습니다. 김정은 체제에 대한 평가는 상반적입니다. 안정기에 접어들었다는 평가와 불안정 징후가 포착되고 있다는 주장이 대립합니다. 안정기에 돌입했다는 주장은 강고한 대북경제 제재에도 최소한의 민생경제가 유지되는 등 북한체제 내구력이 작동하고 있다는 논거를 제시하고 있습니다. 반대의 주장은 대북제재로 북한의 외환 보유고가 곧 고갈될 것이며, 이로 인해 북한사회 불안정 징후는 확대되어갈 것이라고 말하고 있습니다. 한 고위급 탈북자의 증언입니다. “김정은이 한창 일할 나이인 40대, 즉 향후 15년 내 북한경제가 획기적으로 개선되지 않는다면 큰 변화는 불가피할 것이다.” 모든 상황을 종합할 때 현재 북한은 퇴행하기 어려운 큰 변화의 노정에 놓여있는 것은 사실로 보입니다.

북한이 변화하고 있다면 우리의 대북, 통일정책도 변해야 합니다. 현재의 대북정책은 과거 북한과 북한 주민에 대한 분석에 근거하고 있습니다. 무엇보다 먼저 규격화된 북한 인민들의 이미지가 재검토되어야 합니다. 일사불란한 수령 영도체제 하의 북한사회는 구시대적 분석입니다. 북한 관련 정책의 전략, 전술이 크게 변화해야 합니다. 극장국가 북한의 보이는 무대에만 집중해서는 안 될 것입니다. 무대의 뒤에서 무슨 일이 벌어지고 있는지를 정확히 알아야 합니다. 북한의 10% 지배 엘리트들과 90%의 인민 대중들은 각자도생(各者圖生) 중입니다. 10%의 불안감을 줄여주고 90%의 기대감을 높여 주어야 합니다. 북한이 변화하고 있다면 우리도 변화해야 합니다. 변한 세상을 보고 싶다면 자기부터 변화해야 하기 때문입니다.

한번도 경험해 보지 못한 세상

약 100년 전 한반도는 주변 열강들의 패권이 충돌하는 힘없는 나라였습니다. 무기력한 조선을 두고 러시아와 청나라 그리고 일본이 각축하였습니다. 최근 들어 다시 동북아시아의 정세가 크게 변화하고 있습니다. 중국의 부상이 핵심입니다. 우리 민족은 늘 대륙의 파워가 전환할 때 국란을 당해왔습니다. 이런 측면에서 볼 때 19세기 말 청나라 외교관이 쓴『조선책략』이라도 다시 꺼내 보아야 할 때입니다. 친중(親中), 결일(結日), 연미(連美)라는 외교전략 개념은 지금도 시사하는 바가 큽니다. 미국과의 동맹은 더욱 강화해야 합니다. 일본과는 경제, 문화적 유대를 발전시켜야 합니다. 중국과 러시아와도 전략적으로 연대해야 합니다. 균형정책 기조가 어느 때보다 필요한 시기입니다. 역사의 반복을 막아야 합니다. 냉전이 다시 이 땅을 지배하게 해서는 안 됩니다.

미국은 중국의 세력 확대를 견제하고자 합니다. 이를 위해 한국에 군사전략 자산을 제공합니다. 일본에는 군사대국화의 길을 보장합니다. 한·미·일 동맹을 강화합니다. 동북아시아에서 중국을 봉쇄하려는 의도입니다. 한반도의 불안정성은 증대하고 있습니다. 일본은 전쟁할 수 있는 나라가 되었습니다. 중국의 패권추구도 강화되고 있습니다. 동북아시아에 신 냉전질서가 부상할 가능성이 커지고 있습니다. 중국은 한반도 전체를 두고 유리한 전략적 선택을 고민 중입니다. 북한을 중시하자는 정통파와 국가 이익을 우선하자는 전략파가 대립합니다. 북·중 관계, 한·중 관계의 부침도 이 대립의 산물입니다. 중국의 고민이 현상유지적 관리정책으로 표출되고 있습니다. 일본은 북한 문제를 국내 정치적 목적으로 활용하고 있습니다. 일본이 추진 중인 정상국가화, 군사대국화에도 도움이 됩니다. 북한이 주요 빌미를 제공하고 있기 때문입니다. 민족주의 부활과 정치리더십 강화에 전략적 활용도가 높습니다. 러시아는 동아시아에서 자국입지의 재확인을 시도하고 있습니다. 러시아 재건에 외교적 지렛대로 활용하고자 합니다. 동북아시아 패권 경쟁에 지분을 주장합니다. 특히 경제적 이해관계로 인해 북핵 문제 등에는 적극적 발언권을 시도 중입니다.

중국이 부상하고 있습니다. 일본도 부활하고 있습니다. 러시아가 재건되고 있습니다. 동북아시아 긴장이 고조되고 있습니다. 미중 간에는 세력균형 논리가 현존합니다. 그 결과 한반도 분단체제의 영속화가 초래될 수도 있습니다. 남북 군사 대립은 한·미·일 안보 협력을 요구합니다. 이 불가피한 협력으로 일본의 군사대국화가 용인되고 있습니다. 역사에 대한 책임문제도 희석되고 있습니다. 중국의 반발도 초래되고 있습니다. 미국 주도의 안보 협력체는 한국이 풀어야할 딜레마입니다. 한반도 갈등구조는 이중적입니다. 미중 간 국제적 갈등과 남북 간 국내적, 민족적인 갈등이 중첩되어 있습니다. 이 복합적인 갈등구조가 70년 이상 존속하고 있습니다. 한반도의 미래는 미국과 중국 각자의 안보이익에 종

속되어 있습니다. 새로운 안보개념이 필요합니다. 한국은 미국의 전략 자산국, 중국의 패권 대상국, 일본의 식민속국이 아닙니다. 한 번도 경험해 보지 못한 세상을 향해 대한민국호가 항해 중입니다.

외교·안보 통일전략의 일대전환이 필요합니다. 미·일·중·러와 한반도 비핵화만 이야기하는 외교를 지양해야 합니다. 외교 전략개념을 확대해야 합니다. 바로 통일외교입니다. 일단 미국과 일본과의 동맹은 계속 만족시켜야 합니다. 동시에 동맹개념의 변화를 통해 중국을 만족시켜야 합니다. 경제를 매개로 러시아도 만족시켜야 합니다. 인도 등 중진국들과의 관계도 강화해야 합니다. 통일외교의 비전입니다. 이를 위해 주도적인 주인의식을 가져야 합니다. 주변국의 협력을 이끌어내야 합니다. 남북통일을 원하는 건 우리뿐입니다. 우리 스스로 풀어야 할 과제입니다. 이 숙제를 주도적으로 풀어가야 할 중심에 대통령의 통일리더십이 있습니다.

一
새로운 대북계산법 만들기

슈퍼맨은 없다

급변사태가 없는 한 한반도 통일은 불가능해 보입니다. 냉엄한 현실입니다. 남북은 일방이 타방을 무력으로 통일시킬 수 없는 구조 속에 있습니다. 한·미연합의 군사력과 북한의 핵이 대치 중이기 때문입니다. 평화적 통일을 위한 핵심역량도 함량 미달입니다. 남한 국민들의 열정도, 북한 주민들의 각성도 부족합니다. 통일문제는 미국, 중국과의 협조가 절대적입니다. 그러나 우리가 주도적으로 이니셔티브를 가지고 해법을 제시할 수 있어야 합니다. 북한과는 지속적 접촉을 통해 공동체 인식을 강화해 나가야 합니다. 한국이 평화를 추구하는 아시아 최고의 자유롭고 개방적인 국가라는 이미지를 확고히 해나가야 합니다. 이를 위해 정권마다 바뀌는 '지우개 통일 리더십'은 지양되어야 합니다. 매번 새집을 짓듯 이미 쌓인 벽돌을 다 치우는 일은 그만두어야 합니다. 지금은 지난 30년 대북정책에 대한 성찰이 필요한 때입니다. 통일리더십에 대한 새로운 모색이 절실한 시점입니다. 냉정하게 성과와 과제를 파악해야 합니다. 단절의 대북정책, 분열의 통일정책에 대한 반성이 요구되고 있습니다.

대통령이 갖추어야 할 통일리더십 기본자질은 무엇일까요? 먼저 정치적 통합력입니다. 5천만 남한 국민들의 대표성을 가지고 8천만 겨레를 리드할 수 있는 능력입니다. 통일의 구심점을 만들 수 있는 민족통합 능력의 소유자여야 합니다. 경제적 통찰력도 필요합니다. 한국 경제를 넘어 북한 경제를 포함하는 한반도 경제를 운영할 혜안입니다. 통일한국 경제의 지속 가능한 성장과 발전을 가능하게 할 경제적 비전제시 능력을 가져야 합니다. 사회적 판단력도 갖추어야 합니다. 남북의 통합과정에는 극심한 혼란과 충돌이 예상됩니다. 이를 지혜롭게 헤쳐 나갈 수 있는 문제해결을 위한 판단력을 소유해야 합니다. 주변국들과의 관계도 돈독히 해나가야 합니다. 먼저 한반도 주변의 이해관계국들을 설득할 수 있어야 합니다. 나아가 세계를 상대로 한반도 통일의 당위성과 필요성을 이해시킬 수 있는 설득력의 소유자여야 합니다. 미래에 대한 상상력도 풍부해야 합니다. 통일한국의 바람직한 미래상을 제시할 수 있어야 합니다. 민족문화 발전의 터전을 형성하고 미래를 열어갈 상상력의 소유자라야 합니다. 마지막으로 통일 비전을 소통할 수 있는 소양이 요구됩니다. 통일에 대한 자기 철학과 비전을 가져야 합니다. 그것을 자신의 언어로 국민을 설득할 수 있는 소통능력이 필요합니다.

통일은 소외와 독점을 원천적으로 제거해야 가능합니다. 한반도 전체 구성원들에게 자유와 복지를 보장할 수 있어야 합니다. 특정세력이나 계층이 아닌 민족 전체의 우리 의식이 있어야 가능합니다. 다양성을 통합하고 공동체를 형성, 강화해 갈 수 있는 구심적 문화요소가 확충되어야 합니다. 이를 위해서는 다양한 이해관계를 통합시킬 수 있는 리더십이 절실합니다. 리더십을 뒷받침할 주체 세력의 형성도 필요합니다. 무엇보다 중요한 것은 정치구조의 안정입니다. 허약한 리더십으로는 지속 가능한 통일정책 드라이브가 불가능하기 때문입니다. 정당정치적 지지기반이 절실합니다. 이를 위해서는 정치가 안정되어야 합니다. 예측 가능해져야 합니다. 정치력이 살아 숨 쉬어야 합니다. 점점 더 대통령 통일리더십의 순발력이 요구되고 있습니다. 효율적 논의구조와 전문화된 전담조직이 필요한 이유입니다. 대통령의 결단력도 필요합니다. 참된 민주주의 정착이 통일의 디딤돌입니다. 후진적 정치행태는 통일의 걸림돌이 될 것입니다.

다재다능한 슈퍼맨 같은 대통령에 의한 국가변혁은 불가능한 시대입니다. 가능하지 않고, 바람직하지도 않습니다. 통일을 대비하기 위해서는 더욱 그러합니다. 혼자 다 하는 개인플레이가 아닌 협력하여 함께하는 국정 운영방식이 더 적절하고 효과적인 시대입니다. 더 이상 우리에게 우호적이지 않은 미국, 보다 공격적인 일본, G1으로 부상하는 중국, 사실상의 핵보유국 북한 등 지금과는 전혀 다른 시대를 준비해 나가야 하기 때문입니다.

통일리더십의 새 길

새로운 시대에는 새로운 리더십이 필요합니다. 지도자가 주도하고 국민이 따라가던 시대는 끝났습니다. 정치 리더십이 국가경쟁력을 약화시키고 있는 실정입니다. 경제적 양극화도 심화되고 있습니다. 한정된 자원을 두고 세대 간 갈등도 격화되고 있습니다. 리더십, 세대 갈등, 경제 격차 등 총체적 위기 상황입니다. 기존 체제의 위기와 새로운 체제의 필요가 중첩되는 시기입니다. 이런 시기 성공적으로 체제를 변화시킨 국가들은 발전하고 세상을 선도하는 나라가 되었습니다. 새로운 세계를 창조적으로 융합해 낸 것입니다. 창조적 융합을 위해서는 서로가 같을 것을 요구해선 안 됩니다. 서로의 차이와 다양성을 승인하는 태도와 정신이 필요합니다. 여기에 시대가 요구하는 대통령 통일리더십의 새로운 길이 있습니다.

새 시대에 맞는 통일리더십의 첫 번째 길은 '분권주의 리더십'입니다. 한국은 아직 권위주의 리더십 시대를 살고 있습니다. 중앙 중심의 사회구조 때문입니다. 근대적 시민 의식도 부족합니다. 민주적 리더십은 구호뿐이었습니다. 우리 사회의 대표적 갈등은 지역갈등입니다. 지역갈등의 내면은 영호남 갈등이 아닌 중앙과 지방의 갈등입니다. 누가 중앙을 차지하느냐 하는 싸움을 해온 것입니다. 권력 쟁탈전입니다. 지역갈등의 외연을 확장하면 남북갈등에까지 이르게 됩니다. 남북갈등 해소를 위해 분권주의 리더십이 모색되어야 합니다. 오랜 분단에도 불구하고 독일 통일이 가능했던 원동력은 분권주의의 지속에 있었습니다. 각주와 정당 들 간의 파트너십에 의한 교류와 협력이 바탕이 된 것입니다. 분권의 전통은 동독을 단시일 내에 서독식 분권체제로 바꿀 수 있는 토대를 제공하였습니다. 분권 리더십은 통일시대에 걸맞은 미래형 정치 리더십입니다. 분권은 세계적 추세이고 시대적 흐름입니다. 통일과 선진국으로의 도약을 위해 꼭 필요한 가치입니다.

새 시대가 요구하는 통일리더십의 두 번째 길은 '협치주의 리더십'입니다. 국민들이 바라는 것은 구시대적인 정치리더십이나 개인의 특출한 능력이 아닙니다. 청렴하면서도 팀워크를 통해 시너지를 내는 협치 역량을 요구하고 있습니다. 다양한 의견을 수용하는 공존의 가치가 점점 더 소중해지고 있습니다. 다양한 행위자가 정치에 참여하고 협력하는 것이 협치입니다. 대북정책에도 협치가 가능합니다. 북한 문제를 대결 이슈가 아닌 대안 이슈로 만들어야 합니다. 한국의 여야가 합의한 대북정책은 북한과 주변 4강을 설득시킬 수 있는 큰 명분이 될 것입니다. 협치는 갈등을 조정하는 리더십입니다. 문제 해결형 리더십을 가진 정치인들이 경쟁하게 해야 합니다. 실질적 민주사회형 협치가 필요합니다. 소통으로 문제를 해결하는 낮은 리더십이 절실합니다.

새 시대에 필요한 통일리더십의 세 번째 길은 '연정주의 리더십'입니다. 우리는 지금까지 영웅적인 카리스마 리더십에 의존해 왔습니다. 그 결과 우리 정치공동체는 상시적인 불안정과 갈등에 처해왔습니다. 이제는 개방성과 수평성을 중시하는 연정 리더십이 나와야 할 때입니다. 연정은 통일 과정에도 큰 도움이 될 것입니다. 통일 후에도 사회통합과 정치적 안정을 위해 필요합니다. 복잡 다양해진 사회에서는 독일과 같은 다당제, 연정시스템이 사회통합을 이루는 데 더 우월한 시스템입니다. 제도로서의 연정과 지도자의 유연한 리더십이 함께 가야 합니다. 다수의 지지를 얻었다 하더라도 진영을 초월하겠다는 정신이 필요합니다. 연정의지, 통합정신입니다. 가능하면 제1, 2당이 대연정을 해야 합니다. 양극단의 정치세력들을 변방으로 보내야 합니다. 대 연정을 통해 사회적 대타협을 이루어 내야 합니다. 통일정책도 그 타협에 넣어 합의해야 합니다. 연합정치는 남남, 나아가 남북 갈등해소를 위한 새로운 시도입니다. 새로운 통일리더십은 집권에서 분권으로 가야 합니다, 통치에서 협치로 가야 합니다, 단정에서 연정으로의 길을 가야 합니다. 새 시대가 요구하는 새로운 리더십은 분권, 협치, 연정으로 만드는 통합과 평화의 리더십입니다.

오너 스피릿(Owner spirit)

우리는 스스로를 리더가 아닌 추종자라고 생각하는 경향이 강한 민족 같습니다. 국력에 걸맞은 리더의 역할보다는 강대국의 추종자 역할에 충실한 것이 현실입니다. 새로운 미래의 설계자가 되기 위해서는 동아시아의 리더가 되어야 합니다. 한반도 문제해결을 주변 강국에 맡기고 결과를 기다리자는 중진국 발상에서 벗어나야 합니다. 북한 문제는 우리의 문제이고, 우리가 문제를 주도적으로 풀어갈 대담하고 유연한 발상을 해나가야 합니다. 우리는 지금 한반도 현상유지에 급급해 스스로 문제를 해결할 수 없다는 무기력증에 빠진 것은 아닌지 되돌아보아야 할 때입니다.

통일문제에 관한 우리의 주인의식은 부끄러운 수준입니다. 외국의 저명한 국제문제 전문가의 말입니다. "한국의 국제, 북한 문제 전문가들이 나에게 통일의 가능성과 시기에 대해 질문하는데 참 답답하다. 우리보다 당신들이 그 답을 더 잘 알아야 하는 것이 아닌가?" 우리는 통일문제에 관한 한 경기에 직접 뛰는 선수가 아닌 관전자의 심리를 가지고 있는 것 같습니다. 통일문제만 나오면 중국을 바라봅니다. 미국에 묻습니다. 강 건너 불구경이고, 남의 일입니다. 주인의식이 없기 때문입니다. 미국의 세계 전략에 협력하더라도 우리의 독자적인 외교 전략을 가지고 해야 합니다. 예를 들어 미국의 중동정책에 부합하면서도 이란시장을 놓치지 않는 지혜가 필요한 것처럼 말입니다. 한·중, 한·일 간에도 정치적 의제와 경제적 의제를 분리 대응하는 것이 필요합니다. 전 세계적 질서 속에서도 어떻게 하면 주인정신을 지킬 것인가 하는 비전을 가져야 합니다.

통일을 위해서는 우리 모두의 주인의식이 절실히 요구되고 있습니다. 먼저 대통령의 오너 스피릿(owner spirit)이 중요합니다. 대통령의 오너 스피릿이란 통일의 주인이 바로 우리라는 정신입니다. 통일의 방법을 선택하고 계획하며, 결정하는 주체가 한국이 되어야 한다는 말입니다. 국정의 중심에 통일을 두어야 합니다. 대통령 프로젝트의 최상위에 통일 어젠다가 있어야 합니다. 행정수반인 대통령이 오너 스피릿을 가질 때 행정부 전체가 따라옵니다. 군 통수권자인 대통령이 주인의식을 보일 때 군대도 자주정신으로 무장할 수 있습니다. 국가 최고 외교관인 대통령이 주인정신으로 통일외교의 전면에 서야 합니다. 다음으로 중요한 것은 국민들의 오너십(ownership)입니다. 국민 한 사람, 한 사람이 통일의 당사자가 되어야 합니다. 통일이 개인의 삶에 구체적인 영향력을 미치는 사건이 되어야 합니다. 통일이 나와 무슨 상관이냐는 무관심에서 벗어나야 합니다. 통일을 나그네 의식으로 바라보아서는 안 됩니다. 바로 나 자신이 통일의 주인공이 되어야 합니다. 대한민국이 통일문제의 1차적 당사자입니다. 다른 나라가 이 일을 해결해 줄 것이라는 기대는 접어야 합니다. 우리가 먼저 통일을 위한 사명감을 가지고 주도적으로 해법을 제시해야 합니다. 말뿐이었던 한반도 문제의 당사자 해결원칙을 실행에 옮겨야 합니다. 우리 말고는 아무도 통일을 원하지 않습니다. 우리가 가만있는데 어느 나라가 먼저 나서 통일국가를 만들어 주겠습니까? 오래된 역사적 무기력증에서 벗어나야 합니다. 통일 대통령이 되겠다는 대통령의 주인정신, 나에게 통일이 이익이 된다는 국민들의 주인의식이 새로운 통일리더십의 기본정신입니다. 통일문제의 주인의식 강화를 위해 대통령은 국민들에게 통일에 대한 충분한 정보를 제공해야 합니다. 국민들은 통일 준비과정에서 자신의 역할을 적극적으로 개척해 나가야 합니다. 국가는 당사자 해결을 위한 현실적인 통일 방안을 제시해야 합니다.

일제강점기 도산 안창호 선생은 조선 동포들에게 말했습니다. "당신들은 주인인가, 나그네인가?" 선생은 이 질문을 통해 조선의 주권상실이 주인의식의 결핍에서 비롯된 것임을 지적한 것입니다. 주권상실에 이어 분단과 분단 지속의 원인도 주인의식의 부족 때문입니다. 한 국가의 흥망성쇠가 바로 주인의식에 달려있습니다.

통일 알고리즘

　　나쁜 통일리더십은 반드시 대북, 통일정책의
실패를 가져옵니다. 무엇이 나쁜, 실패한 통일리더십일까요?
먼저 지나치게 감상에 치우치는 민족공조 리더십입니다. 오
로지 북한만 바라봅니다. 철 지난 싸구려 민족주의와 아마
추어적 발상이 정책결정 전 과정을 지배합니다. 민족공조라
는 허망한 단어에 매몰됩니다. 둘째로 문제해결에 무능한
리더십입니다. 눈에 보이는 당면한 과제들이 있습니다. 현재
로써는 북한 비핵화와 남북 관계 개선 같은 일들입니다. 실
효적이어야 합니다. 성과로 말해야 합니다. 세 번째는 맹목
적 평화주의 통일리더십입니다. 지나친 평화 추구는 반드시

망국의 지름길인 국방의 약화를 초래합니다. 특히 실체 없는 평화, 가짜 평화라는 착시현상이 오래갈 때 위험합니다. 평화는 호소로 얻어내는 것이 아니라 힘으로 만들어가는 것입니다. 네 번째는 분열의 통일리더십입니다. 자기 진영의 정치적 이익만을 추구하는 리더십입니다. 북한 문제에 국내 정치적 고려가 우선시 됩니다. 이는 필시 남남갈등을 초래합니다. 국론을 분열시키고 진영에 안주하는 반쪽짜리 리더십입니다. 마지막으로 독선과 독주의 통일리더십입니다. 국민의 뜻을 살피지 않습니다. 반대의 목소리는 무시합니다. 실력과 현실은 무시됩니다. 오직 자신과 진영의 이념과 철학만으로 정책은 추진됩니다. 독선과 독주는 독재를 낳습니다. 북한만 바라보고, 자기 진영끼리 독주하며 가짜 평화만을 외치는 것은 실패한 통일 리더십입니다.

성공할 통일리더십의 모습은 무엇일까요? 먼저 대한민국 국민이 원하는 통일을 추구하는 리더십입니다. 국가가 제시하는 통일이 아닙니다. 강요하는 통일도 아닙니다. 국민 다수가 동의하는 국민주도형 통일정책을 추구하는 리더십입니다. 둘째로 북한 주민들의 지지를 얻는 통일리더십입니다. 누구도 이념과 체제를 강요할 수는 없습니다. 한 국가의 미래는 그 국가의 국민들이 결정해 나가야 합니다. 북한 역시 주민들 스스로, 정당한 의사표시를 통해 국가의 미래를 결정할 수 있어야 합니다. 이러한 여건을 조성하는 통일리더십이 절실합니다. 세 번째로 남남갈등의 근원적 해소를 추구하는 통일리더십입니다. 우리 사회의 통합이 먼저입니다. 지속 가능한 한목소리 정책이 추진되어야 합니다. 여야가 대북, 통일정책의 대강을 합의해야 합니다. 네 번째로 통일개념을 재정립해 내는 리더십입니다. 우리의 통일 사고를 획기적으로 변화시켜야 합니다. 국가 간의 통일에서 국민 간의 통합으로 일대전환을 시도해야 합니다. 남북관계 변혁의 전체적 구상을 바꾸어야 합니다. 새로운 상생과 공존의 한반도 시대를 개막해야 합니다. 마지막으로 한반도 상황에 대한 국제적 지지를 얻을 수 있는 리더십입니다. 외교 구조와 역량을 혁명적으로 개선시켜야 합니다. 국제적 지지획득 없는 남북통일, 교류협력 논의는 공염불입니다. 외교적 이니셔티브를 갖추어야 합니다.

통일 논의가 국가, 민족담론에서 국민, 세계담론으로 변화해야 합니다. 하나의 한국 이전에 두 개의 한국이 서로 협력할 수 있는 지점을 찾는 노력이 경주되어야 합니다. 이 노력에 정부만이 아니라 민간 차원의 접촉과 협력을 획기적으로 확대시켜 나가야 합니다. 이 변화를 촉진하는 통일리더십이 성공하는 통일리더십입니다. 알고리즘이라는 것이 있습니다. 문제해결의 순서도, 방법론 정도의 의미입니다. 문제해결 과정에서 용어의 통일도 같이 의미합니다. 합의된 동전을 통일 머신에 넣습니다. 함께 상의해서 결정된 메뉴 버튼을 누릅니다. (서로 다른 메뉴를 누르면 컵은 나오지 않습니다. 그럼 다시 처음부터 시작합니다.) 원하는 메뉴를 담은 컵이 나옵니다. 컵을 꺼내 듭니다. 잔돈도 나옵니다. 예측 가능하고 지속 가능한 새로운 '통일 알고리즘'을 합의해 내야 합니다.

一

평화를 부탁해

미네르바의 부엉이

지금까지와는 다른 시각으로 남북 관계를 바라보아야 합니다. 그래야만 평화와 완전통일이라는 목표 달성에 접근이 가능할 것입니다. "산을 옮기려면 작은 돌부터 들어내라."라는 말이 있습니다. 우리 세대에 모든 것을 다할 필요는 없다는 발상의 전환이 필요합니다. 통일을 말하지 않아야 통일이 옵니다. 남북이 작지만 의미 있는 성과들을 반복해 내야 합니다. 작은 성공의 경험들을 축적해 가야 합니다. 통일의 목표는 작게 책정되어야 합니다. 상호 이익이 되는 공간을 형성해가는 '작은 통일'부터 시작해야 합니다. 북한정권이 통제하지 못하는, 작지만 의미 있는 시장화 촉진정책 등이 가능할 것입니다. 다음으로는 민간교류를 확대해야 합니다. 상부구조가 아닌 하부구조 간 대화하는 '낮은 통일'을 적극적으로 추진해야 합니다. 꼭 필요한 부분부터 협력해 나가야 합니다. 예를 들면 환경, 농업, 보건 등의 분야입니다. 마지막으로 공통의 관심사로 차이를 점점 좁혀나가는 '느린 통일'입니다. 북한 지도자 개인의 변화를 추구하기보다는 그들이 직면해 있는 사회, 경제적 조건과 구조를 바꾸는 데 초점을 맞추어야 합니다. 새로운 대통령 통일리더십은 '작은 통일, 낮은 통일, 느린 통일'을 지향하는 '조용한 통일'이어야 합니다.

새로운 통일리더십이 성공하기 위한 몇 가지 조건들이 있습니다. 첫째, 오너십 통일 (ownership unification)에 대한 인식의 확산입니다. 승리한 우월적 체제의 자신감을 바탕으로 해야 합니다. 국민 개개인의 정치, 경제적 모험심을 통일의 동력으로 삼아야 합니다. 국민 개개인과 통일의 연관성을 높여 나가야 합니다. 통일이 나의 일이며, 나의 이익이 되어야 합니다. 자본주의의 건강한 탐욕을 통일의 촉진제로 삼아야 합니다. 둘째, 북한 주민들이 원하는 통일이어야 합니다. 누구도 체제를 강요할 순 없습니다. 북한 주민들 스스로 선택할 수 있도록 지원해야 합니다. 그들이 정당한 의사를 행사할 수 있는 여건 조성을 위해 노력해야 합니다. 셋째, 통일정치를 시작해야 합니다. 한반도는 아직도 정치전쟁 중입니다. 8천만 민중들을 향한 정치적 경쟁에서 승리해야 합니다. 먼저 한국에서의 정치 전투에서 승리해야 합니다. 남남갈등이라는 말이 없어져야 통일이 가능합니다. 넷째, 흔들리지 않는 통일정책 추진기구의 구성입니다. 통찰과 비전의 지도자, 이를 구체적으로 정책화하는 지속 가능한 조직이 함께해야 합니다. 이들이 변혁을 위한 전체적 구상을 만들어 내야 합니다. 실질적 대화를 위한 새로운 출발점을 개발해야 합니다. 다섯째, 위기관리에 성공해야 합니다. 남북 관계사는 대한민국 위기관리의 역사입니다. 최근 들어 위기의 수준이 고조되고 있습니다. 위기를 탐지하고 타개하는 과정이 통일의 과정일지도 모르겠습니다. 위기관리 리더십은 통일리더십의 다른 이름입니다. 여섯째, 시대정신의 확장입니다. 그동안 우리의 시대정신은 반쪽짜리 정신이었습니다. 북한은 배제한 우리만의 담론이었습니다. 북한이 이 상태로 존재하는 한 우리 사회는 미생(未生)입니다. 북한으로까지 시대정신을 확장, 적용해야 합니다. 우리의 세대, 계층, 지역 간 격차 해소 노력을 남북 관계까지 연장하는 것입니다. 지나친 자본주의 탐욕을 제한할 사회적 합의를 만들어 내는 것입니다. 마지막으로 외교의 궁극적 목표를 평화와 통일로 해야 합니다. 약소국 의식을 청산해야 합니다. 외교적 이니셔티브를 쥘 수 있다는 자신감을 가져야 합니다. 주도적이고 전략적인 외교를 추진할 수 있어야 합니다. 국제사회와의 연대를 획기적으로 강화해야 합니다. 우리가 대북, 통일정책을 주도해야 합니다.

오너십 통일의식의 확산, 북한 주민들의 지지 획득, 통일정치의 성공, 지속 가능 통일 전담조직의 구성, 성공적 위기 관리, 시대정신의 확장, 주도적 통일외교 여부가 성공하는 통일리더십의 조건들입니다. 통일은 미완의 민족적 과제입니다. 반드시 가야 할 겨레의 종착역입니다. 지난 남북 관계에서 터득한 지혜가 있습니다. 이 지혜를 활용할 줄 아는 부엉이가 되어야 합니다.

책사 인플루언서

대통령의 귀를 잡은 사람들이 있습니다. 소위 책사들입니다. 사전적 의미는 꾀를 써서 일이 잘 이루어지게 하는 사람, 남을 도와 꾀를 내는 사람을 말합니다. 전 정권에 걸쳐 대통령에게 북한 문제에 대해 정책이나 전략을 제시해 온 영향력자들이 있었습니다. 분야의 특성상 이들의 영향력은 절대적이었습니다. 북한 통일문제 책사들은 정권의 2인자, 대통령의 멘토, 진영의 스승, 학계의 리더, 신념의 동반자, 무장한 장수 등 다양한 모습으로 존재해왔습니다. 이들의 경륜과 지혜는 북한 문제 대처의 나침반이 되었고, 실행지침서가 되기도 했습니다. 대북 책사들은 어려운 결정의 순간에 대통령과 가장 가까운 자리에 앉아있던 사람들입니다. 이들의 조언은 대통령 결단의 주요 논거가 되었습니다. 책사들의 배경과 지향에 따라 남북 관계는 영향을 받았고, 때로는 크게 물줄기가 바뀌기도 했습니다. 여타 국내외 정책의 조언자들보다 이들의 존재가 유독 부각된 이유는 북한 이슈의 폭발성 때문이었습니다. 북한 문제는 국민 일부가 아닌 한반도 전체의 명운이 달린 국책 분야이기 때문입니다.

역대 정권의 대북, 통일정책 영향력자들을 소개합니다. 먼저 박정희 대통령의 책사는 중앙정보부장을 지낸 인물입니다. 북한 문제가 정권 연장의 수단으로 활용되던 시기였습니다. 그는 청산가리를 품고 평양에 가 김일성과 면담했습니다. 민족대단결에 기반한 평화통일 정신에 합의한 공동성명 채택의 주인공이었습니다. 전두환 대통령 시기에는 기자 출신의 통일부 장관이 눈에 띕니다. 언론인 출신으로 군부정권의 책사가 된 그는 정권 내내 대통령 곁을 지킨 인물입니다. 전 대통령은 버마, 아웅산 테러 직후의 살벌한 상황에서도 북한의 수해물자 지원 의사를 받아들이는 결단을 합니다. 반대로 성사 직전까지 간 최초의 남북 정상회담을 막판에 거부하기도 합니다. 여러 증언은 그러한 결정에 영향을 미친 인사 중 하나로 그를 지목합니다. 5공화국의 황태자로 불리는 인물도 있습니다. 노태우 대통령의 친인척으로 북방정책의 설계, 집행자였습니다. 그의 대북정책 장악력은 거의 절대적이었습니다. 대통령의 절대적 신임과 지원이 그 배경이었습니다.

최초의 민주정부인 김영삼 대통령 시기에는 학자 출신의 부총리를 지목할 수 있습니다. "어떤 동맹도 민족보다 우선할 수는 없다."라는 대통령 취임사의 실천적 인사가 바로 그였습니다. 당시 북한에 대해 진보적 견해를 가진 그는 비전향 장기수를 조건 없이 송환하는 등 전향적 대북정책을 추진했습니다. 비록 보수의 높은 벽에 좌절했지만, 포용적 대북정책의 물꼬를 뜬 책사였습니다. 다음으로는 가장 성공적 책사로 평가받는 분입니다. 북한 출생에 직업군인 출신인 그가 좌파로 공격받던 김대중 대통령의 최고 책사가 되었습니다. 두 사람의 정책적 결합은 최초의 남북 정상회담을 가능하게 하였고, 김 대통령은 노벨평화상 수상자가 되었습니다.

노무현 대통령 시기는 독특합니다. 무명의 소장파 학자가 외교·안보 통일정책의 전면에 서게 되었습니다. 북한을 내재적, 비판적으로 보자는 신진기예(新進氣銳)였습니다. 북한 연구자가 공식적 국가정책의 전면에 선 첫 사례입니다. 노 대통령은 자주국방과 균형외교라는 자주파의 소리에 경도되었습니다. 힘 있는 책사였습니다.

경륜과 지혜에 비해 저평가되고 있는 책사도 있습니다. 보수진영의 주요 담론을 제시해온 그는 좋은 보스를 만나지 못했습니다. 평생 연구한 나라의 선진화와 한국 주도의 선진통일전략은 끝내 빛을 보지 못했습니다. 특이한 점은 진보에 비해 보수진영의 책사들이 잘 보이지 않는다는 점입니다. 실용주의를 제일의 가치로 천명한 이명박 대통령 시기에는 외교관료 출신의 통일부 장관 정도가 기억납니다. 외교관으로 중국대사를 역임한 인사입니다. 외교부 출신을 통일부 장관으로 기용한 것을 보면 북한을 대하는 이 대통령의 의중이 드러납니다. 박근혜 대통령의 옆에는 항상 엘리트 군인 출신 인물들이 있었습니다. 군 출신답게 6·25전쟁 이후 가장 첨예했던 군사적 대치상황을 잘 헤쳐 나갔습니다. 군

인정신의 표상 같던 두 장관은 여성대통령 박근혜를 가장 가까이서 호위한 무사 같은 이미지를 남깁니다. 문재인 대통령도 다양한 인물들을 책사로 활용했습니다. 그들은 이슈에 따라 대국민 설득에 나서거나 정부가 직접 하기 어려운 메시지를 우방에 발신하는 등 적극적인 역할을 자임하고 있습니다. 특히 미국이 비토한다는 세평을 듣고 있는 한 교수 출신 인사의 발언은 항상 언론의 주목을 받았습니다. 그의 이력만큼이나 독특하고 예측을 불허하는 책사로 평가할 만합니다.

군부정권 시기에는 적대적 대북관을 가진 인물들이 책사로 활동하였습니다. 이들의 특기는 북한 문제를 정권 강화나 유지의 수단으로 쓰는 데 있었습니다. 민주정부의 과도기에 역설적이지만 책사의 역할은 빛이 났습니다. 체제경쟁에서 확실하게 우위를 점하는 전략, 전술이 이들의 강점이었습니다. 민주화 이후 책사들은 작은 차이는 있었지만 일관된 정체성을 가진 분들이었습니다. 대부분 민족자주의 포용적 대북관을 가진 인사들이었습니다. 반면에 보수진영의 책사들은 그 경륜과 지혜가 정책으로 연결되는 경우가 드물었습니다. 진영의 지적 토대가 허약한 탓이었습니다. 또 그 실천에 치열하지 못한 이유도 있습니다. 사람을 키우고 활용하는 데 인색한 보수진영의 특성에서도 연관성을 찾을 수 있을 것입니다. 앞으로도 대통령의 귀를 잡는 책사들은 등장할 것입니다. 이들 통일 인플루언서들의 대북관, 통일관은 대통령 통일리더십 발휘의 핵심적인 영향요인입니다.

평화 상상력 발전소

　　　남북문제에 관한 한 우리는 스스로를 자기 검열 합니다. 남북갈등이 빚어온 아픈 역사의 기억들 때문입니다. 저편이라고 죽였고 이편이라고 죽었기 때문입니다. 헌법에 명시된 사상의 자유도 이 기억 앞에선 무기력합니다. '북한은 적인가 동포인가?'라는 질문 앞에 답을 망설이는 우리입니다. 통일문제 해법의 공론화가 점점 더 어려워지고 있습니다. 그만큼 남북 관계는 폭발성과 휘발성을 가진 민감한 이슈입니다. 자기 생각을 밝히길 꺼립니다. 자칫하면 수구꼴통이 되거나 종북좌파가 되어버리기 때문입니다. 통일담론의 대중화를 막는 걸림돌입니다. 제거가 쉬워 보이지 않습니다. 평화를 위한 상상력 발전소가 하나쯤 있었으면 좋겠습니다. 이 발전소에서 눈치 보지 말고 자유롭게 자신의 의견을 개진하는 나라가 되어야 하겠습니다.

평화 상상력 발전소에서 나올법한 몇 가지 아이디어들을 소개합니다. '김정은 체제를 인정하자. 북한의 내정에 대한 불간섭을 선언하자.' 사실 이것은 91년 체결된 남북 기본합의서의 내용입니다. '흡수통일 포기 공개선언', '북한의 방송·출판물 전면허용' 같은 아이디어는 사상과 정보시장을 개방하자는 것입니다. '북한에 대한 전면적 여행자유를 허용하자'는 의견도 있습니다. 만약 성사된다면 북한의 변화는 가속화될 것이고, 이만큼 효과적인 현장교육도 없을 것입니다. 나아가 '북한 이주공사 설치' 주장도 있습니다. 북한으로의 이주를 가능하게 하자는 것입니다. 북한체제가 좋다고 생각하면 가서 살게 하자는 것입니다. '개인의 대북 경제활동도 전면적으로 허용하자'는 의견도 있습니다. 시장경제 원칙에 따라 자기 책임 하에 투자하게 하자는 것입니다. '국가보안법 개정 또는 폐지' 주장도 있습니다. 국민을 믿고 냉전시대의 유물을 박물관에 보내자는 것입니다. 아예 통일부를

없애든가 아니면 남북 관계부 또는 평화협력부로 개칭하자는 의견도 있습니다. 독일의 메르켈 총리 등 국제적인 인사를 비핵화와 평화협정 논의의 중재자로 활용하자는 아이디어도 주목됩니다.

우리 내부의 과제해결을 위한 아이디어도 많습니다. 통일해법에 대한 사회적 대타협을 해야 한다는 의견이 있습니다. '통일헌장과 통일대강의 수립'입니다. 이를 위해 주요 정당들이 모두 참여하는 정책협의 그룹을 구성하자고 합니다. 이들이 정부, 특히 대통령과 공동 작업을 추진하는 새로운 관행을 만들어내자는 것입니다. 통일을 위한 국제적 협력강화 필요성도 제안합니다. 거친 구상이지만 '남과 북이 먼저 평화협정을 체결하고 이어 북·미, 한·중 간에도 각각 협정을 체결한 후 이를 단일 평화협정 문건으로 만들어내자'는 것입니다. 통일문제는 대통령이 직접 관장하라고 합니다. '통일업무를 대통령 직속으로 일원화해야 한다'는 주장도 있습니다. 청와대에 통일실을 두고 각 부처에도 통일 관련 부서를 두어야 한다는 것입니다. 북한 정보를 독점 관리, 분배하는 국정원도 변화해야 한다는 의견도 있습니다. 정보독점주의를 깨야 한다는 것입니다. '통일교육도 획기적으로 강화되어야 한다'고 주장합니다. 통일세대가 통일의 당위성으로 무장되지 않는 한 통일은 불가능하기 때문입니다. 통일을 대표 정강·정책으로 하는 '대중정당'의 필요성도 제기하고 있습니다. 조선노동당, 중국 공산당과 경쟁할 수 있는 정당을 만들자는 주장입니다. 이처럼 통일담론은 대중화되어야 합니다. 더 많고 다양한 주장들을 상상 가능하게 해야 합니다.

북한 문제에 관한 한 우리는 방어적이었습니다. 체제경쟁에서 승리했다는 자부심은 말뿐입니다. 경제력이 50배 차이가 나도 변화가 없습니다. 통일담론의 대중화가 필요합니다. 국가주도의 통일논의 한계는 극복되어야 합니다. 좀 더 많은 사람이 보다 자유롭게 통일을 말할 수 있게 해야 합니다. 평화 상상력 발전소의 용광로 속에서 강철 같은 통일 검이 연단될 것입니다.

코리아 컨센서스

대통령 선거가 얼마 남지 않았습니다. 중요하지 않은 선거는 없었지만 급변하는 국내외 정세로 볼 때 그 어느 때보다 중요한 선거가 될 전망입니다. 차기 정부와 대통령이 펼쳐나갈 대북, 통일정책의 큰 그림은 어떤 모습일까요? 새로운 정책수립의 가장 중요한 변수는 역시 국내 정치 상황일 것입니다. 이전 대통령 선거와 달리 아직은 결정적으로 유력한 후보가 보이지 않고 있습니다. 어떤 후보와 정당이 국민의 선택을 받을지 예측 불가능합니다. 따라서 대북, 통일정책의 큰 지향도 알 수 없는 상황입니다. 국민의 선택에 따라 압박으로의 회귀냐 포용의 지속이냐가

결정될 것입니다. 한편 북한은 사실상의 핵무장 국가 선언을 하고 있습니다. 핵을 매개로 대북제재 완화와 남북 관계 개선을 요구하고 있습니다. 자신에게 유리한 통일전선의 여건이 조성되기 전까지는 핵무장 강화 공세를 펼칠 것으로 예측됩니다. 미국의 대통령 선거결과에 따라 북·미 관계도 크게 요동칠 전망입니다. 이러한 국내외 상황을 종합해 볼 때 차기 정부와 대통령이 추진해 나갈 대북, 통일정책의 대전제는 우선 우리 내부의 합의, 즉 국가적 차원의 단일한 목소리 내기가 되어야 하겠습니다. 남남갈등으로 인한 반쪽짜리 목소리가 아니라 남남 컨센서스에 기반을 둔 한목소리 정책이 되어야 하겠습니다. 이제 한국의 정치지형은 전통적 보수도, 진보도 아닌 제3지대에 의해 결정되고 있습니다. 약 40~50%대의 중도적 유권자층이 여기에 위치하고 있습니다. 중도국민의 94%는 태극기집회에, 80%는 촛불집회에 나가지 않았다고 합니다(『중앙일보』, 한국리서치 조사, 2020. 3.). 이 계층을 중심으로 새로운 대북, 통일정책 수립의 공감대를 만들어 나가야 합니다.

북한의 핵이 고도화되기 이전에 만들어진 통일방안, 대북정책에 대한 전면적인 재검토가 필요합니다. 북한의 핵은 우리 발등에 떨어진 불입니다. 북·미 간 접촉에만 기댈 수는 없습니다. 즉각 남북이 대화와 협상에 나서야 합니다. 포용 15년, 압박 15년의 대북정책은 전면 재검토되어야 합니다. 막연히 통일의 그 날을 기다릴 것이 아니라 적극적으로 그날을 만들어 가야 합니다. 이를 위해 충분한 유인과 꾸준한 대화가 필요합니다. 북한과 벽을 쌓을 것이 아니라 다리를 놓아야 합니다. 우리가 북한과 대화하는 궁극적 이유는 이 땅의 평화 때문임을 잊지 말아야 합니다. 정부가 할 수 없는 일은 과감하게 민간에서 할 수 있도록 지원해야 합니다. 민간주도 통일운동의 확산은 북한 주민 변화에 꼭 필요한 일입니다. 미국과의 동맹은 지속해서 강화해 나가야 합니다. 약화하고 있는 동맹의 끈을 다시 조여 매고 포괄적인 전략동맹의 로드맵을 작성, 통일문제를 이 로드맵에 새 어젠다로 포함시켜야 합니다. 문제해결적이고 평화증진적인, 더 새롭고 강력한 한·미동맹이 되어야 합니다. 중국과는 통일외교 차원의 협력체제 구축을 강화해 나가야 합니다. 민간차원의 공공외교를 대폭 확장하는 것도 한 방법일 것입니다. 중국을 포함시키는 다자협력 틀을 다수 가동하여 동북아 지역의 분쟁을 관리하고 위기를 억제시켜 나가야 합니다. 일본은 우리에게 경제, 안보적으로 필요한 나라입니다. 실사구시(實事求是)의 정신으로 갈등을 관리해 나가야 합니다. 중장기적으로는 양국 간 신뢰 회복과 증진에 적극적으로 나서야 합니다.

새 정부와 대통령의 대북, 통일정책은 이전과는 달리 생각할 수 없는 것을 생각하는 'moonshot thinking(달에 직접 가보겠다는 적극적인 발상)'이 필요합니다. 지금까지 시도해 보지 않았던 과감한 발상으로 남북 관계의 획기적 전환점을 만들어내야 합니다. 이러한 시도는 남남 간 한목소리를 내는 'Korea consensus'에 기반을 두어야 할 것입니다. 우리는 이미 '한민족공동체 통일방안'을 정부와 여야가 함께 합의해 만들어낸 전력이 있습니다. 30년 전에 국회에서 한 일을 지금 다시 못할 이유는 없습니다. 국민의 통일 열망과 작은 차이를 극복하고자 하는 정치지도자들의 뛰어난 통일리더십만 있다면 얼마든지 가능한 일입니다.

K-Peace, President

한반도는 지금 이 순간도 전쟁 중입니다. 숨 쉬는 일이 너무 익숙해져 공기의 존재를 잊고 사는 것처럼 우리는 전쟁을 잊고 삽니다. 6·25전쟁 직후인 1953년 7월 27일 유엔과 북한은 종전이 아닌 휴전에 합의하였습니다. 이로써 한반도는 언제 다시 전쟁이 터질지 모를 휴화산 같은 땅이 되었습니다. 정전협정이 체결된 지 70년(2023년)이 되어가고 있습니다. 한 사람의 생애와 비교할 때 갓 태어난 유아가 70세 노인이 된 시간과 같습니다. 21세기 한반도를 실질적으로 지배하는 규약은 전투중지를 규정한 군사적 성격의 5조 63항에 이르는 정전협정문입니다. 우리 모두 알고 있으나 아무도 말하려 하지 않는 현실입니다. 한반도 평화와 통일논의는 바로 이 지점에서 시작되어야 합니다. 여러 가지 현실적 이유로 이 복잡한 매듭을 풀 수 없다면 과감하게 잘라버리는 결단도 필요합니다.

우리는 그동안 이 매듭을 풀기에 부족한 역량을 보여 왔습니다. 부족역량의 핵심에 정치세력 간 분열과 갈등이 자리하고 있습니다. 자기 정치세력의 이해에 따라 매듭 풀기 해법을 제시하다 보니 풀어야 할 고리를 잡은 손에 힘이 들어갈 수가 없었습니다. 소위 보수와 진보의 대립입니다. 이러한 극심한 대립구도가 2020년 4월 국회의원 선거에서도 그대로 재연되었습니다. 보수정당(33.8%), 진보정당 (38.8%)의 오차범위 내 총선득표율이 극심한 여야대립을 예고하고 있습니다. 승자독식의 소선거구제가 180석에 가까운 거대여당을 만들었을 뿐입니다. 지역주의가 남아있는 한 수도권에서 이긴 정당이 압승하는 정치구도가 앞으로도 반복될 것입니다. 전국적 규모의 지역 패권경쟁이 수도권이라는 한정된 지역 내에서 그대로 수렴되고 있을 뿐입니다. 그동안 한국 정치는 여야라는 프레임 속에서 자기주장만을 반복했지 실제에 있어 뚜렷한 정책지향의 차별성을 갖지 못해왔습니다. 빠른 시간 내에 한국 정치구조를 혁신적으로 바꾸는 정치실험을 담대하게 시도해야 합니다. 최소한 북한 문제만이라도 여야가 연대(合)하는 대통합을 이루어내야 합니다. 통합된 단일대오의 정치리더십으로 남북의 극심한 대치상황을 근본적으로 변화시켜야 합니다. 한국은 경제에 이어 문화와 의료, 보건에 이르기까지 더 이상 선진국 흉내나 내는 변방국가가 아닙니다. 이제 분열과 갈등의 나라가 아니라 아시아와 아세안을 선도하는 리딩 국가입니다. 필요하다면 아시아 지역 평화를 해치는 미국과 중국의 지나친 패권경쟁에도 경종을 울려야 합니다.

북한 정권은 우리가 말하는 통일이라는 단어에 알레르기적 거부반응을 가지고 있습니다. 그들이 이해하기에 우리가 말하는 통일은 남한 주도의 자본주의 방식 통일을 의미하기 때문입니다. 통일 전 서독 통일부의 명칭은 '양독 관계 연방부'였습니다. 우리식으로 표현하면 '남북 관계부'쯤 될 것입니다. 북한과 대화를 추진하고 접촉을 유지해 나가려 노력하는 과정에서 좀 더 세심하게 상대를 배려해야 합니다. 통일을 말하기보다는 평화와 협력을 먼저 말하고 추진해야 합니다. 남북 간 지속 가능한 평화와 협력 상태가 곧 통일 상태가 되도록 해야 합니다. 통일보다 평화가 먼저입니다. 분열과 대립만 일삼던 한국 정치권이 한목소리로 평화를 말할 때 비로소 북한이 진정으로 호응하고 세계가 우리의 목소리에 귀 기울일 것입니다. 하루라도 빨리 한국의 정치지형을 획기적으로 변화시켜 70년이 되어가는 정전체제를 완전히 무너뜨릴 'K-PEACE'의 힘을 세계에 보여주어야 합니다. 남남갈등을 끝장내고 이 힘으로 남북평화를 만들어갈 새 리더십을 세워야 합니다. 말뿐인 아닌 진짜 평화, 평화로운 한반도를 만들어 나갈 수 있는 20대 평화 대통령을 반드시 만들어내야 합니다.

K-PEACE 통일리더십 개념도

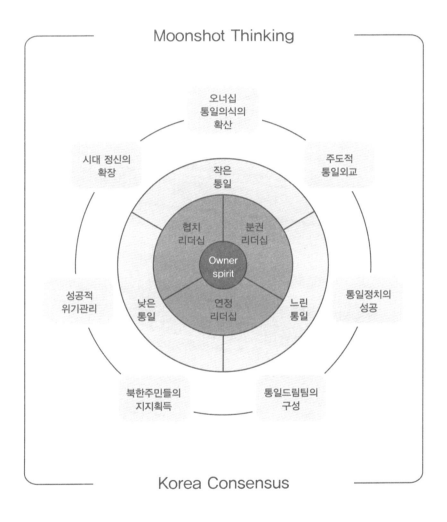

평통령이 온다

펴 낸 날 2020년 10월 30일

지 은 이 김선진
펴 낸 이 이기성
편집팀장 이윤숙
기획편집 윤가영, 이지희
표지디자인 윤가영
책임마케팅 강보현, 류상만
펴 낸 곳 도서출판 생각나눔
출판등록 제 2018-000288호
주　　소 서울 잔다리로7안길 22, 태성빌딩 3층
전　　화 02-325-5100
팩　　스 02-325-5101
홈페이지 www.생각나눔.kr
이 메 일 bookmain@think-book.com

• 책값은 표지 뒷면에 표기되어 있습니다.
　ISBN　　979-11-7048-144-7(03340)
• 이 도서의 국립중앙도서관 출판 시 도서목록(CIP)은 서지정보유통지원시스템 홈페이지(http://seoji.
　nl.go.kr)와 국가자료공동목록시스템(http://www.nl.go.kr/kolisnet)에서 이용하실 수 있습니다
　(CIP2020039582).